はじめての
地域づくり
実践講座

全員集合！を生み出す6つのリテラシー

石井大一朗／霜浦森平〔編著〕

Lectures on Regional Design

6 literacies for a creative collaboration

北樹出版

目　次

序章　地域づくりニューリーダー論
　　──だれもが地域づくりの仲間となるために ………………………… 3

1　地域づくり先発地、「地方」からの教え　　4
　（1）秘められた力が磨かれる地方の実践　　4
　（2）人口減、人交増、人公増　　5

2　地域づくりは課題解決より"主体形成"　　5
　（1）知る、共有する仲間づくり　　6
　（2）一人の声が地域づくりにつながる　　6

3　誰もがリーダーになる、あるいはリーダー不要な時代の地域づくり　　7
　（1）ヒーローの必殺技はいつも同じだ　　7
　（2）一人ひとりの声を守る　　8

4　"対話と協働"の視点から読み解く地域づくりの歴史　　9
　（1）1960 年代の地域づくりのリテラシー──当事者同士の連携と活動のマネジメント　　9
　（2）1970 年代──新しい政策時代に対応する専門家・行政主導のマネジメント　　11
　（3）1980 年代〜90 年代前半──市民対話と市民的専門性　　12
　（4）1990 年代後半〜2000 年代──協働から学ぶ公共感覚　　13

5　今、これからの地域づくりのリテラシー
　　──誰もが地域づくりの仲間となるための 6 つの視点　　15

第1章　未来を見通す ………………………………………………………… 17

1　「地域をデータでみる」ことの重要性　　18

2　超高齢・定常的人口減少社会とはどのような社会か　　19
　（1）「2025 年問題」とその後の世界　　19
　（2）多死社会の到来　　21

3　地域を知るために人口データの見方を知る　　21
　（1）人口データの種類　　24
　（2）地域づくりに有用な人口指標と分析方法　　25

4　人の「対流構造」について考える　　32

iii

5　テーマ別に有効な指標のセット例　33

（1）高齢者へのケア（地域包括ケア）　33

（2）子育て支援　34

（3）コミュニティビジネス　35

（4）どのようなテーマでも必要だと考えられる指標　37

6　未来を見通す技術──未来を創るのは人である　39

（1）小地域を対象とした将来人口推計の手法　39

（2）コーホート変化率法による小地域将来人口推計の方法　40

（3）小地域将来人口推計はどのくらい先まで見通せるのか　43

7　おわりに──人口データを扱うときのコツ　47

（1）「実数」と「割合」の両方からみる　47

（2）可視化する　47

> **もっと知りたい！ Q&A　① データ分析**　49
>
> Q1　日本全体の人口移動の特徴は？
>
> Q2　「e-Stat」の 500m メッシュとは？
>
> Q3　地域の人たちの時間の使い方がわかる統計データはありますか？

第2章　地域資源を捉える　51

1　地域資源をめぐる近年の動向　52

（1）地域資源の掘り起こし　52

（2）地域資源とは　53

（3）地域社会の形成と地域資源　54

2　地域資源としての和紙の特質　55

（1）和紙の歴史　55

（2）和紙と自然のかかわり　56

（3）和紙と文化のかかわり　58

（4）和紙がつくり出す人のつながり　58

（5）地域資源としての和紙の8つの特質　60

3　和紙製造技術の無形文化遺産登録にみる問題点　62

（1）地域資源のブランド化　62

（2）和紙のユネスコ無形文化遺産への登録　63

（3）地域経済の無形文化遺産登録における地域資源活用の問題点　63

4　地域のあり方を探るカギとしての地域資源　69

もっと知りたい！Q&A ② 地域資源　74

Q1　地域資源に欠かせない要素とは？
Q2　空き家も地域資源でしょうか？
Q3　資源の価値を共有するために必要なことは？
Q4　他にも地域資源の事例はありますか？

第3章　プロセスを支える　77

1　地域づくりは主体形成から始まる　78
（1）行政等からの外発的動機づけにより、計画的に行う　79
（2）住民自身の内発的動機づけにより、計画的に進める　80
（3）住民自身の内発的動機づけによる活動が、結果としての地域づくりになる　81

2　住民の主体性を育むための視点　81
（1）主体性とは何か　82
（2）共通体験の重要性　83

3　地域づくりのプロセスをつくる　85
（1）メンバー50名超が若手ファシリテーターでスタート！　85
（2）「地域学講座」で意識を醸成する　88
（3）プロセスを支える事務局づくり　88
（4）プログラム・デザインのプロセス　90
（5）おとなの学びを支援する「成人教育」の視点から地域づくりのプロセスを捉える　95

もっと知りたい！Q&A ③ 地域づくりのプロセス　98

Q1　協働の地域づくりとは？
Q2　若者も参加したくなるには？
Q3　お金がかかりそう……。

第4章　対話と熟議を育む　101

1　話しあいのモード──対話／熟議という考え方　102
（1）対話とはどのような話しあいか　102
（2）対話的な場のカギとなるのは何か　103

目　次　v

2　ワークショップとファシリテーション　105
（1）ワークショップとは何か　106
（2）ファシリテーションとは何か　107
（3）ファシリテーターは何を扱うか　108
（4）誰がファシリテーターを担うか　109

3　対話／熟議の「準備」における働きかけ　110
（1）茨城県ひたちなか市での対話／熟議　111
（2）どのように方向づけるかを考える　112
（3）空間のデザインを工夫する　113

4　対話／熟議の「進行」における働きかけ　115
（1）一人一言で始まり、一人一言で終わる　115
（2）2つの「見える化」で問いをホールドする　116
（3）小グループで集約し、投票を通じて傾向をみる　117

5　さらなる対話／熟議に向けて　120
（1）場に参加できるのはごく一部の人々であることを忘れない　120
（2）「差異は資源である」と考え、違いに耳を傾けあう　121

> **もっと知りたい！ Q&A**　④対話の場づくり　124
> Q1　会議のやり方を変えるには？
> Q2　字が下手だとファシリテーターはできない？
> Q3　熟慮の力を鍛えるには？

第5章　組織のかたちをつくる　127

1　つぶやきを育む地域づくり　128
2　地域づくり組織とその特徴　129
（1）趣味・サークル団体　130
（2）自治会　133
（3）"法人化する必要性"が訪れるとき　144
（4）法人の種類——どれを選択するか　148
　　　（株式会社、合同会社、NPO法人、一般社団法人、認可地縁団体）

3　新たな展開へ——誰もが地域経営に参画する地域運営組織　154
（1）もの・人・金・情報・ネットワークがつながる包括組織づくり　155
（2）地域運営組織で人づくり　156

> **もっと知りたい！Q&A ⑤ 組織のかたち** 160
>
> Q1 性格の違う組織が持続的に協働していくためには？
> Q2 人材育成のプロセスや成果とは？
> Q3 「地域限定NPO」とはどういうものですか？
> Q4 地域の意見を集約する難しさをどう乗り越えられるでしょうか？

第6章 都市と農村をつなぐ 163

1 四万十川流域の農村ツーリズム 164

2 「四万十すみずみツーリズム」の取り組み 165

（1）事業体の状況 165
（2）地元食材利用の状況と課題 167
（3）「すみずみツーリズム」の多様な担い手 169
（4）「すみずみツーリズム」による流域ネットワークの形成 174

3 「すみずみツーリズム」による地域経済効果 178

（1）地域経済効果の定義とシミュレーションのシナリオ 178
（2）「すみずみツーリズム」による経済効果 181

4 農村ツーリズムによる地域づくりの方向性 182

（1）ローカルフードシステム形成のための制度設計の必要性 182
（2）ツーリズム市場拡大のための戦略 184
（3）農村ツーリズムの新たな担い手への展望 185

> **もっと知りたい！Q&A ⑥ 都市と農村の交流** 188
>
> Q1 四万十すみずみツーリズムのきっかけは？
> Q2 ローカルフードシステムのポイントは？
> Q3 都市と農村の交流をもっと進めていくには？
> Q4 農村ツーリズムのコーディネーターに必要なスキルや経験とは？

あとがき 190
索 引 196

目 次　vii

はじめての地域づくり実践講座

全員集合！を生み出す 6 つのリテラシー

序章

地域づくりニューリーダー論
だれもが地域づくりの仲間となるために

石井大一朗

（宇都宮大学地域デザイン科学部 准教授）

　本書は、参加を育む地域社会の実現に向けて、地域づくりのニューリーダーに贈る一冊である。ニューリーダーを支える行政の方、支援機関の方、そして地域づくりに思いをもつすべての方に読んでいただきたい。

　ニューリーダーって何だろう。ニューだからオールド（old）ではないことは確かだ。一言で言えば、地域づくりの歴史は、それを一部の人の特権とせず、誰でも参加できるようなかたちに築き上げてきた歴史といえる。では、現代の地域づくりのリーダーに必要な知識や技術は何だろうか。問題解決のために、複雑で高度な知識や技術は必要だろうか？　答えは否である。いや、むしろもっているとニューリーダーにはなれないかもしれない。

　本章では、戦後の地域づくりの変遷とそこでのリーダー像を読み解きながら、これからの地域づくりに必要な6つのリテラシーを地域づくりのプロセスに合わせて、順に紹介する。だれもが地域づくりの仲間となるために、未来を育む視点と技法を学んでいこう。

図序-1　地域づくりのリテラシー

1 ▶ 地域づくり先発地、「地方」からの教え

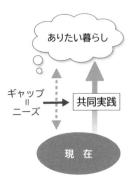

図序-2 地域づくりが始まる

地域づくりは、課題があるから始まるものではない。誰しも"こうありたい自分""こんなことをしたい自分"という願いやイメージがあり、それに対して現実がある。ありたい暮らしと現実の間に生まれるのがその人のニーズであり、それらが一定の範囲内で集まったときに地域づくりが始まる。「素敵なカフェがない！」「一人暮らし高齢者が多い」といった現実の不満や課題があるだけでは地域づくりは始まらない。地域の理想を仲間と描き、共有可能なニーズとなってはじめて、共同実践が生まれ、地域づくりが始まる（図序-2）。

（1）秘められた力が磨かれる地方の実践

とはいうものの、例えば都市部の、特に移動が容易で、個人消費を中心とするライフスタイルのなかで「ありたい暮らし」を実現しようとすると、個人や家族といった限られた関係のなかで、市場が提供する既存のサービスを購入することになりやすい。購入に際して近所の人とコミュニケーションをとることはまずなく、近隣との関係は遠慮がちだ。こうした暮らしでは、身近な地域の仲間との共同実践や、他のグループ・機関との協働は起こりにくい。

一方、人口減少先進地では、個人消費や市場ベースの生活に頼ることができない。こうした現実は、新たな社会システム、あるいはサブシステムをつくり出す原動力となり、共同実践を生みやすい。地域に秘められた力を磨き上げ、すでに多くの試みを始めているのが地方である。

地域での共同実践を生むためには、データの扱い方を知り、ニーズを可視化し、共有可能なニーズを分かち合い、その地域に住む人の目線で必要なサービス資源や、新しい購入方法の開発などを実現させていく必要がある。そして、

地域のもつ力を活かしつつ、新しい仲間を増やしていくためには、地域資源を捉える力、都市と農村をつなぐ力をもつ必要があるだろう。本書では、地方の視点や、既存の市場スタイルにはない地域づくりの実践例を紹介していく。そのなかに、ニューリーダー像のヒントがあるはずだ。

(2) 人口減、人交増、人公増

例えば、人口減少の進展する北関東中山間地のA市では、祭りや高齢者サロン・子育てサロン活動、またある程度の人数が必要なドッジボールなどの遊びが、単独の自治会や子ども会では行えなくなっていた。そこで、人口減少が進むなかでも取り組んでいきたいものを、一人ひとりの声を集め、協力できるものが集い、隣接する地域同士が連携することで実現させている。広報スキルのある主婦や、地元の企業や商店もこうした活動に加わり、活躍している。

人口が減少し、地域づくりを担う母数は減っても、関わる人、協力する人、交流する人を増やすことはできる。皆で実現したい理想をかなえていく、こうしたたくさんの実践を通して、地域の歴史や資源、コミュニケーションの方法を学び、多くの人と共同・協働していく際に必要な公共感覚も自然と身についていく。A市の事例は、人口減少時代に必要となる、新しい人の交わり「人交」と、そこに住む人の公共性「人公」が自然に育まれている例である（図序-3）。詳しくは、第2章「地域資源を捉える」、第3章「プロセスを支える」で紹介する。

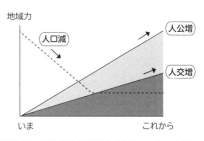

図序-3　これからの地域力（人口、人交、人公）

2 ▶ 地域づくりは課題解決より"主体形成"

ある地域づくりのリーダーSさんは、「地域のことを知り、一人でも多くの人と共有すれば、地域づくりは自然に始まる」と言う。これまでSさんは、一

人ひとりに寄り添うコミュニティバスのサービスや、子どもからお年寄りまで毎日賑わうコミュニティ拠点づくりを、資金を集め、NPO法人をつくるなどして実現してきた。未来を見据えた地域づくり塾も始めた。こうした実践は、日本中で数多く生まれつつある。しかし、地域のことを知り、多くの人と共有するとはどういうことだろうか。

（1）知る、共有する仲間づくり

筆者は、これまでの地域づくりの実践から、「地域づくりは"課題解決より主体形成"ではないか」という大きな仮説をもつようになった。主体形成とは、地域のことをよく知り、それを多くの人と共有する、つまり対話を重ねる仲間をつくり直すということである。つくり"直す"という表現には、"仲間"の意味がこれまでとは異なるという思いを込めている。結論から言えば、"対話を重ねる仲間"をつくることさえできれば、課題解決はしなくてもよいということである。第3章「プロセスを支える」、第4章「対話と熟議を育む」で詳述している。

（2）一人の声が地域づくりにつながる

一人ひとりの声を聞き、未来に目を向け、活用できる地域の資源を知り、共有する仲間をつくる。では、どうやって一人ひとりの声が地域づくりにつながるのだろうか。

例えば、他のまちから引越し、友だちもまだいない地で、乳児を育てる一人の女性がいたとする。彼女には、「子育ての悩みを聞いてほしい」「お母さん同士でおしゃべりをしたい」「お菓子づくりなどの特技も磨きたい」、そんな想いがある。片や、鍵の管理を理由に貸し出しもままならず、結局あまり使われていない自治会館があるとする。上述した想いが声となり、自治会館の利用促進を考える敬老会と自治会役員の会議に届いたとしたらどうだろう。一人の女性の描く「ありたい暮らし」を共有するメンバーがいれば、きっと実現策を思いつくことができるはずだ。同じような思いを抱く親たちが集まる場があるだけで、グループができ、親子サロンの開催につながるかもしれない。

重要なことは、自治会のリーダーが親子サロンをつくるのではないということだ。仮に自治会役員だけが、自治会館利用率の低下、子育てのしにくさといった課題を抱え込み、一方的な解決を図ろうとすれば、的外れな解となり、その原因を自分たちではない誰かの責任にしてしまうかもしれない。リーダーの役割は、課題解決ではない。ニーズを知り、当事者を含めたキーパーソンが集い対話をするための、共有の機会をつくることなのである。

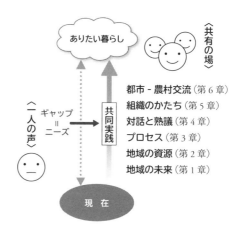

図序-4　一人の声を地域づくりへ

3 ▶ 誰もがリーダーになる、あるいはリーダー不要な時代の地域づくり

　しかし、対話を重ねる仲間をつくり、対話の場さえセッティングすれば、課題解決はしなくてもよい、そんなことで本当によいのだろうか。よいのである。なぜなら、現在の地域づくりの最大の課題は、代わりがいない・代わりたくないリーダー（層）にあると考えられるからである。

(1) ヒーローの必殺技はいつも同じだ

　リーダーはヒーローになってはいけない。またヒーロー志向のある人をリーダーにしてはいけない。なぜならヒーローは、相手が変わっても、無敵の技と信じていつも同じ必殺技を繰り出すものだからである。これは、そのリーダーにスキルがないとか、視野が狭いということではない。古い言い方であるが、強いリーダーシップという言葉がある。イメージするに、強いリーダーはものすごい知識やネットワークをもっていて、人格者だろう。課題が明確な場合に

はそれでよいかもしれない。あの人が言うなら……と。しかし、限界はすぐに
やってくる。知識やネットワークは、リーダー、あるいはリーダーを取り巻く
メンバーが代わらなければ、次第に枯渇していく。自ら学ぶにしても、一人で
は限界がある。

　70歳前後のリーダーが子育て中のパパママの気持ちを心で理解することは
できないし、年収1,000万円の人が年収250万円の人の生活を想像することは
難しい。戦後開発された住宅地では、最初に入居を始めた居住者の世代交代が
始まっている。5,000万円で土地建物を購入した家族の隣には、中古住宅を2,000
万円で購入した若い家族が住んでいる。その隣には、非正規雇用を続けざるを
得ない独身男性が高齢の親と住んでいる。こうした様々な状況があるのが、私
たちが住む地域だ。これまでと同じ必殺技が効くとは限らない。

(2) 一人ひとりの声を守る

　これからの地域づくりを進めるリーダーはどうすればいいのだろうか。多様
な声を聴し、対話を重ねて理解を深め、ネットワークを広げていくしかない。
「そんなことは私にはできない」「次のリーダーが見つからない」などリーダー
が変わることができないならば、こんなことを目指してはどうだろうか。いつ
もの役員、メンバーだけでなく、一人でも新しい仲間が議論に加わること、そ
して本音で意見交換しあえる関係と場をつくり出す努力をするのである。地域
のなかに議論のできる仲間ができれば、どんな地域課題が生じても納得のいく
答えを導くことができるだろう。一人の母親が、自分の声を受け止めてくれた
と感じれば、さらに親目線の防災まちづくりや、防犯の議論にも参加してくれ
るかもしれない。目の前の課題解決を急ぎ過ぎ、議論を薄っぺらなものにして
しまったり、反対する人を排除するような場にしてはならない。反対意見があ
ることを皆で共有したり、反対する理由が何なのかについて理解することが重
要である。この点については、第4章「対話と熟議を育む」、第5章「組織のか
たちをつくる」を読んでほしい。

4 ▶ "対話と協働"の視点から読み解く地域づくりの歴史

　では、対話を重ねる仲間をつくり出すために、どのような知識や技術をもつ必要があるだろうか。これが本書の主題である。時代によってニーズは異なり、ニーズに応じて必要なリテラシーも変わる。本節では、これまでの日本の地域社会、特に戦後多くの居住地を生み出した都市郊外を念頭に、そこで必要とされていたリーダー像とそこに備わる知識や技術を、戦後、1960 年代以降の時代の流れにそって概括し、これからのニューリーダー像を鮮明にしたい。

(1) 1960 年代の地域づくりのリテラシー
──当事者同士の連携と活動のマネジメント

　1960 年代の地域づくりの主要なテーマは、消費者運動、公害反対運動、環境保全運動、生活環境整備である。1961 年には、(財)日本消費者協会が設立され、消費者リーダー養成事業が実施された。また、宅地開発に伴う交通公害へのコミュニティ運動の最初とされる神戸市丸山地区の動きは 1963 年である。共通しているのは、運動の主体がいずれも、目の前の問題の"当事者"であることだった。被害者としての抗議活動や、自らより良い消費・環境をつくり出そうとする具体的な運動があった。当事者や活動家たちによる抵抗・告発型の地域づくりである。

　生活環境整備については、全国都市部やその近郊では、急速な人口増に整備が追いつかず、小学校や病院、保育施設、公園、さらには公共交通機関などの生活環境施設が不足していた。そのため市民からの要求・要望があり、地域によっては、保育活動など住民自らが必要なサービス資源をつくり出す姿も現れ始めていた。

　この頃の地域づくりに必要な視点は何だったのだろうか。理想と現実のギャップに不満を抱いても、一人では、社会のニーズなのかエゴなのか、確信をもてない。当時、新興住宅地には、同じようなライフスタイルと家族構成の人たちが移り住み、同様な現実のなかにいた。公共サービスは無い無い尽くし

序 章　地域づくりニューリーダー論　　9

表序-1　地域づくりの歴史（1960年代〜現在）

年代と特徴	地域づくりに関連するテーマ	求められるリテラシー
1960年代 【抵抗・告発型】	当たり前の暮らしを手に入れるための抵抗や告発による市民運動 【例】主婦層を中心とする消費者運動、被害者等による当該地域における公害反対運動や環境保全運動、同様な悩みをもつ住民による生活環境整備	・当事者や活動家同士の連携 ・住民相互のセルフヘルプ活動のマネジメント
1970年代 【行政主導型】	横浜市等の革新自治体が先導した市民参加の広がりと、モデル・コミュニティ施策 【例】まちづくり計画の検討やその主体となるまちづくり協議会方式の導入、審議会への専門家・市民委員の参加。コミュニティ施設の整備等の新たなコミュニティ施策の展開	・専門家や行政とまちづくりに関して協議する専門的な知識 ・伝統的な共同性の否定と、自主性と責任を自覚する個人の尊重
1980年代〜 1990年代前半 【市民参画型】	ワークショップ概念と手法の普及、異なる住民層の対話 【例】市民利用施設の計画・設計において市民意見を活かすためのワークショップの積極的な導入。KJ法などのワークショップの技法が発展	・シチズンシップ ・ボランティア・コーディネーション ・市民的専門性
1990年代後半〜 2000年代 【協働型】	市民セクターの確立と協働型社会の創成 【例】1995年阪神淡路大震災によるボランティア概念の普及。NPO法の制定と市民活動支援センター等の支援施設・制度の充実	・賛同者を集めるパブリックリレーションズ（PR） ・非営利組織のマネジメント ・協働のコーディネーション
2010年代〜 【住民自治型】	非成長・非拡大時代における住民活動の支援と制度づくり 【例】住民同士や団体同士の相互の連携。コミュニティカフェ等の新たな住民活動の支援。小学校区等の新たな地域的なまとまりにおける住民自治組織づくり	本書で扱う6つのリテラシー 1　未来を見通す 2　地域資源を捉える 3　プロセスを支える 4　対話と熟議を育む 5　組織のかたちをつくる 6　都市と農村をつなぐ

の時代である。そこで彼らは、行
政への陳情にとどまらず、喫緊必
要で自分たちで作り出せるもの
は、ボランタリーに協力しあい生
み出していった。極めて具体的な
ニーズに向けて助けあう営みであ
る。そうした営みのひとつに、当
事者が集い、問題解決を図るセル

表序-2　セルフヘルプグループの役割

① 当事者としての気持ちを分かちあう。話す人
　の言葉に耳を傾け、批判や説教をしない
② 自分の経験をもとにアドバイスしあう
③ 勉強会などを開き、問題をはっきりさせたり、
　解決のヒントを得る
④ 同様なグループと手を携え、情報交換や問題
　解決に取り組む

出所）筆者作成

フヘルプグループ活動がある。例えば、乳幼児をもつ親と子のサロン、男性介
護者の集いなどである。セルフヘルプグループの役割を各市町の社会福祉協議
会の定義をもとに整理すると、**表序-2** のようになる。

　新しい地域社会が生まれ始めたこの頃、血縁でも地縁でもなく同じニーズを
もつもの同士が集い、こうした対話の場をつくること、さらには問題解決に向
けて仲間で活動する、住民相互のセルフヘルプ活動のマネジマントが必要で
あった。リーダーには、**表序-2** に挙げたことがらをグループ内で維持すること
が求められていた。

（2）1970 年代の地域づくりのリテラシー
──新しい政策時代に対応する専門家・行政主導のマネジメント

　1970 年代は、わが国における、"市民の直接参加による行政" の創生期といっ
てよい。革新自治体による市民参加の実験、景観保全を対象とする条例の制定
と、地区まちづくり計画の検討、その主体となるまちづくり協議会方式の導入、
ワークショップの先駆的な導入など、新しい動きが制度や方法の両面において
みられるようになった。こうしたまちづくり条例の検討や審議会への参加にお
いては、専門性の高い知識や経験が求められた。新興の住宅地では、公共施設
の建設ラッシュだった。

　1969 年の国民生活審議会調査部会コミュニティ問題小委員会の報告（**表序-3**）
では、自治省による「モデル・コミュニティ施策」の展開の重要性が示され、
モデル地区はもとより、全国のコミュニティ政策に影響を与えた。このとき、

序 章　地域づくりニューリーダー論　11

表序-3　モデル・コミュニティ施策の目標

① 行政におけるフィードバック・システムの確立
　（公聴制度の確立、広報活動の充実）
② 各種コミュニティ施設の整備と管理
③ 情報の提供・コミュニティ・リーダーの養成
④ 住民の主体的な参加による新たな自治組織の形成
　と積極的なコミュニティ活動

出所）国民生活審議会調査部会コミュニティ問題小委員会報告
（1969）「コミュニティ〜生活の場における人間性の回復」

住民を主体とする地域づくりに変化を促す意味で周到に用意された施策が、コミュニティセンター等の整備における建設や管理・運営にあたっての住民の参画である。従来までの自治会町内会だけではなく、新住民を中心とする趣味・サークル的な活動を志向する市民活動団体の合流が期待された。地域的なまとまりのなかで、異なる住民層の対話を求められた最初の時代といっていい。

　ただし、利害の異なるそれぞれの住民層の合流は簡単ではなかった。例えば、幹線道路に土地を提供する地主層と、環境を維持するため道路建設反対運動を起こす新住民層、あるいは、コミュニティ施設を利用する新住民層と、それを支えるかのごとく、管理・運営を担わされる旧来からの自治会町内会層というように、お互いの立場を理解し難い状況があった。

　一方行政にとっては、旧来の自治会町内会との結びつきを改めて深める機会となり、さらに新住民のなかの活動層との新しい連携ルートも確保され始めた。市民参加の現場では、ワークショップが導入され始めたものの、専門家による活用にとどまることが多かった。

（3）1980 年代〜90 年代前半の地域づくりのリテラシー
──市民対話と市民的専門性

　この時代の地域づくりのテーマは、"モデルと実験"から参加型地域づくりの一般化である。1980 年代以降、川喜田二郎の KJ 法を紹介した「発想法」、ローレンス・ハルプリンのワークショップ（WS）など、1960 年代〜70 年前後に開発された WS 手法が公園や広場などの公共空間の計画・設計に導入され、対話や共同作業を生むまちづくりワークショップの手法として全国に一気に普及した。アイデアの拡散や合意形成過程がオープンなものとなり、そこに参加すれば誰もが発言でき、場合によっては計画に反映されるという新たな時代が、身

近なまちづくりの世界に訪れたの
である。

　この頃活躍したのが、コミュニ
ティセンターなど社会教育現場に
おける高学歴な主婦層である。身
近な暮らしの問題関心から、生協
活動など組織的な活動を展開して
いる人も少なくなかった。こうし
た人々は、身につけたシチズン
シップや団体マネジメントの経験を地域に持ち帰り、自治会等の活動に新たな
息吹をもたらした。また、親の介護や自らの高齢化といった新たな当事者問題
の現れに伴い、早い地域では、住民主体による高齢者サロンや家事援助などの
新たな活動も始まった。(1)で紹介したセルフヘルプ活動が、高齢者ケアの領
域において新たな展開をみせ始めていた。当事者や活動家だけでなく、ボラン
タリーな個人が集まるなかで、効果的な活動にしていくためには、ボランティ
ア・コーディネーションの力が必要であった。主な内容を**表序-4**に示す。

　この時代、行政が主宰する場であっても、市民視点でありつつよりレベルの
高い先駆的なサービスを実現するために、市民同士の対話とそれにより習得さ
れる市民的専門性が重要な時代だった。市民的専門性とは、市民自らが、行政
や政府の下請けではなく、当事者や現場の視点からニーズを捉え、また営利追
求ではなく公益につながるミッションをもとに活動し、経験を重ねるなかで蓄
積される専門知識と力量を指している。地域社会に根ざし、行政任せではなく、
"市民が対話を重ねることで、自ら解決に向かおうとする力"が育まれ始めた
時代である。

表序-4　ボランティア・コーディネーションの役割

① 当事者からの多様な相談の受け止め
② 活動の場やボランティアの募集・開拓
③ ニーズや活動に必要な情報の収集と整理
④ ニーズと活動のつなぎと調整
⑤ 気づきや学びの機会を提供
⑥ 新たな活動やネットワークづくり
⑦ 記録を分析
⑧ 情報発信、提言、アドボカシー

出所）日本ボランティアコーディネーター協会の整理を
　　　元に筆者加筆

(4) 1990年代後半〜2000年代の地域づくりのリテラシー
──協働から学ぶ公共感覚

　この時代のテーマは、市民セクターの確立と協働型社会の創成である。1995
年1月17日の阪神淡路大震災は、市民セクターの誕生と成長の大きなきっか

けとなった。1995 年は後にボランティア元年と呼ばれるように、自発性、利他性、社会変革性といった特徴をもつボランティアが日本で根付くきっかけとなった。1990 年以前から生活クラブ生協を母体とする市民活動グループや研究者らによる NPO 法導入の議論はあったが、阪神淡路大震災が契機となり、1998 年、議員立法による NPO 法が制定された。

　NPO 法の成立は日本の市民社会に大きな変革をもたらしたが、地域づくりにおいてはどんな影響があっただろうか。まず法人格をもつことで責任が明確となり、事業の運営がしやすくなった。またボランティア活動の広がりや NPO の制度的裏付けにより、これらの力を活かそうと、ボランティアや NPO を支援するセンター、いわゆる中間支援組織が行政主導で設置され始める。これとともに、市民と行政、そして企業との協働を推進する制度、事業も用意されていった。広域で活動する NPO が先導したが、小学校区エリアや集落単位など身近な範域で生活ニーズに密着した活動をする NPO も数多く生まれた。この時代の協働型社会を先導した大都市郊外では、例えば、当時開発から 30 年以上を経て、急速な高齢化が進んでいた横浜市戸塚区ドリームハイツ地区の事例がある。この地区では、高齢者のサロン活動、介護や家事援助などのホームヘルプ事業、地域食堂を行う NPO 法人が住民によって次々と設立された。これらはいずれも財源的には厳しく、行政からの助成金や協働事業としての補助金を得ることも少なくなかった。

　こうした時代に求められたのが、市民の公共性である。自らの活動がいかに素晴らしいかを伝える力ではない。その活動は社会のニーズにどのように応えられるのか。目先の解決だけでなく新しい公共サービスの開発や、それを支える仕組み・制度のボトルネックを改善し、社会変革につながる公共的な要素を含むものであるのか。NPO 等の市民活動団体には、幅広い市民の賛同や、行政や企業の理解と信頼を得られるよう、PR（パブリックリレーションズ）する力が求められた。その先にあるのが、企業・行政とのパートナーとしての協働である。協働型社会の実現に向けて、市民活動団体・企業・行政の各主体がお互いにもつべき要素を全国の自治体や中間支援センターの資料から整理すると、①対等、②自主自立、③相互理解、④目的共有、⑤情報公開に集約できる。

こうした要素を地域づくりや市民活動に参加するすべての人がリテラシーとして備えられるよう、啓発・研修も数多く行われている。

5 ▶ 今、これからの地域づくりのリテラシー
──誰もが地域づくりの仲間となるための 6 つの視点

　上述してきたように、戦後、様々な問題に直面する当事者の活動があり、専門家が地域づくりをリードする時代、市民自らによる専門性の獲得の時代を経て、市民のなかに公共感覚を身につけた層が生まれてきた。しかし、成長・拡大する時代に身につけた素養を、これからの非成長・非拡大の時代にどのようにバージョンアップしていけばよいだろうか。

　世帯規模の縮小や、高齢者のみの暮らし、結婚を選択しない生き方など、家族のかたちも多様化している。経済的状況もライフスタイルもまったく異なる人たちが隣りあって住み、隣りあうまち同士も異なる地域課題や特徴をもつ。私たちの住むまちや集落を鳥の目で捉えれば、均質化からモザイク化への変化ともいえる。

　こうした状況のなか、これからの地域づくりも必然的に、特定のスゴい人が行うスタイル（一部の人への特権化）ではなく、誰もが身近な地域で暮らしを楽しむための居場所や出番のある活動が、あちらこちらで多彩に展開することだろう。では、異なる人たちがともに楽しみを分かちあうために、備えておくべき視点や知識は何だろうか。本書では、6 つのリテラシーとして提示したい。

　1 つ目は、新しい未来を家族や人口の変化から捉え、見通す力である。現在の先に未来があるのだから、時間軸の上に立って自分のまち・集落を捉えておきたい。

　次に、地方の時代と言われて久しいが、地方の暮らしや地域づくりをどのように捉えればよいだろうか。地域の歴史を知り、地域の資源を活かすことが大切だろう。伝統工芸や農林漁業、お祭り、ユイ（結い）等の地域資源を、人の営みと自然とのかかわりから考えてみたい。

　3 つ目は、地域の未来や資源について理解を深めた上で、実際にどのように

序　章　地域づくりニューリーダー論　　15

地域づくりを行っていくのか。"地域のビジョン"を作り出すプロセスを、住民と行政のかかわりという視点からみてみよう。

4つ目は、複雑で多様化するニーズをもつ人々が暮らす現代の地域社会において、必要となる"対話と熟議"の意義と方法である。どのような点が重要なのか、以前との違いや具体的な技術を学びたい。

5つ目は、持続的な地域づくりを進めていく上で基盤となる組織やネットワークについての理解である。なぜ組織づくりが必要なのか。組織化する際にそれぞれの組織が選択される理由は何だろうか。現代を代表するNPOや自治会等の組織の特徴を把握したい。

最後に、地域の個性を活かしつつ、地域を超えて、都市と農村など他の地域との交流・連携を図ることで、新たな経済を発生させる地域づくりの枠組みを知る。

本書で紹介する各章は、高齢者ケアや子育てなど特定のテーマの課題解決を目的としていない。地域をみる視点や対話する力を養い、"誰もが地域づくりの仲間となる"ことが、現代の地域づくりの大きなテーマであるという観点から、ニューリーダー論を展開している。

地域づくりはすでに待ったなしである。課題噴出状態になってからでは手がつけられない。元気な高齢者が多く、社会貢献意欲のある若者が少なくない今こそ、地域づくりを楽しむ絶好のチャンスなのである。一部の人に任せておくのはもったいない。読者の皆さんが、地域暮らしをもっと楽しめるよう、そして課題があれば皆で話しあえるように、本書を通して地域づくりのリテラシーをバージョンアップしていただきたい。

参考文献
加藤哲夫（2012）『市民の日本語――NPOの可能性とコミュニケーション』ひつじ書房（ひつじ市民新書）
川北秀人（2016）『ソシオ・マネジメント第3号 小規模多機能自治――総働で人「交」密度を高める』IIHOE（人と組織と地球のための国際研究）

第 1 章

未来を見通す

藤井多希子
(政策人口研究所 代表理事)

> **Episode ①**　　　アキラ、同窓会で幼なじみに再会する
>
> 　アキラは 30 歳の独身男性。東京の広告代理店で PR プランナーをしている。つい先週、故郷の栃木県さくら市で中学校の同窓会があり、親友だったエイジが今はさくら市の「移住・定住促進 PR」の仕事をしていることがわかった。最初は仕事の話で盛り上がったが、次第に話題は将来のこと、家族のことなどに移っていった。
> 　エイジは 24 歳で結婚し、すでに子どもが 3 人いるという。職場へは自転車で通い、家族との時間を大切にしながら、故郷のために仕事ができることに、とても満足している様子だった。一方、アキラは毎日満員電車で"痛勤"し、残業で帰宅は深夜になることもしばしば。忙しすぎて、恋人にもフラれてしまった。仕事は楽しいが、こんな生活でいいのだろうかと考え始めていたところだった。
> 　そこへ同じく同級生でアキラの初恋の女性、ルナがひょいと顔を出し、「私も東京で管理栄養士の仕事してたんだけど、半年前に地元に帰ってきたんだ。どうせ仕事するなら、自分が住む地域のために何かできないかなと思って、エイジくんに相談してるところなんだ」と笑顔を向けた。
>
>
> 　　　　　　　　　　　　　　　　　　　　　アキラ　　ルナ　　エイジ

　この章では、主に人口データを用いて地域を分析する手法を紹介する。
　アキラたちとともに、具体的なやり方を学んでいこう。

1 ▶「地域をデータでみる」ことの重要性

　私たちが何かを「みる」とき、どうしても自分のフィルターを通さざるを得ない。例えば、同じ映画を友人と一緒に観ていても、自分が注目したシーンや感銘を受けたセリフを、友人は全く覚えていない、なんていうこともよくあるだろう。あるいは、自分が解釈したストーリーと全く違う見方を、友人はしているかもしれない。自分という枠組みを超えて何かを「みる」ことは非常に難しいのである。

　それは「地域」についても同じである。そもそも「地域」という言葉についても、人によって想起するイメージや「地域」が指す地理的な範囲は異なるであろうし、物理的な環境をより重視する人もいれば、人の活動に注目する人もいるだろう。自分が知っている「地域」はほんの一面でしかない、ということを、まず念頭に置くことが重要である。

　それでは、どのようにしたら、自分という壁を超えて、これまで知り得なかった地域の姿を知ることができるのだろうか？　そのひとつの答えが「データでみる」ことである。データをみれば、居住人口、その年齢や性別、世帯のかたち、持家／借家の戸数などだけでなく、土地利用や産業、事業所などについてもわかる。

　データは最新のものを扱うのが望ましい。そして、できれば過去のものと比較できると、なお良いだろう。過去から現在までの変化がなぜ起こったのかについて考えることは、未来がどうなるのかを考えることにもつながるからである。

　国では、国勢調査をはじめとして、人口動態調査、国民生活基礎調査、経済センサス、農林業センサス、漁業センサス、家計調査、住宅・土地統計調査、学校基本調査、医療施設調査、患者調査など、様々な統計調査を実施しており、それらのすべてがインターネットで公開されている（表1-1 参照）。町丁字レベルで公開されているものは国勢調査、経済センサス、農林業センサスなどに限られてはいるものの、人口・世帯、住宅、労働力、事業所の規模、産業の種類、農家数や経営体など、主要なことはほとんどわかる。しかも、国の統計調査は

定期的に行われているので、過去との比較がしやすいという利点がある。

　地域づくりを始めたい、あるいは地域のことをもっと知りたいという人は、まず入手できる国の統計データを見ることを強くお勧めする。本章がその手助けになれば幸いである。

2 ▶ 超高齢・定常的人口減少社会とはどのような社会か

　具体的なデータの説明や分析手法について述べる前に、本節では、すべての基本となる「人口」に焦点をあてて、日本全体は今どのような方向に向かっているのかについて、キーワードを挙げながら簡単に解説する。

(1)「2025年問題」とその後の世界

　団塊の世代（狭義では1947～49年生まれ）が70代後半の後期高齢層に突入するのが、いわゆる「2025年問題」である。この時期には医療・介護・福祉サービスの需要が大きく増えることが想定されるため、現在各自治体では、それぞれの地域の実情に即した「地域包括ケアシステム」の構築が急ピッチで進められている。「地域包括ケアシステム」とは、日常生活圏のなかで医療・介護・福祉サービス等が切れ目なく提供されるシステムであるが、これは団塊の世代のためだけのものではない。むしろ、このシステムの真価が問われるのは、2025年よりもずっと後の「その後の世界」においてであろう。

　団塊の世代の後には、団塊ジュニア世代（狭義では1971～74年生まれ）が2040年に60代後半に達する（このとき団塊の世代は90代前半）。全国的に65歳以上の人口が最も多くなるのは2042年（3,935万2千人）と推計されている（国立社会保障・人口問題研究所 2017）。それ以降は実数としての65歳以上人口は減少するものの、高齢化率（65歳以上人口の割合）は2015年（26.6％）、実数としてのピーク時である2042年（36.1％）、そして2065年（38.4％）と一貫して上昇し続ける。

　しかし、団塊ジュニア世代がほぼ世の中から退場し終わる2070年頃以降は、高齢化率はほぼ変わらず38％台前半で推移する。出生率が現在の低水準で推

第1章　未来を見通す　19

コラム 1-1　合計特殊出生率と人口置換水準

　出生率には「普通出生率（または粗出生率）」といわれるものと、「合計特殊出生率」の2つがある。前者はある年の出生数を人口で除した割合で、通常は人口1,000人あたりにおける出生数を指す。「普通出生率」では、出産可能な年齢層の人口が少ない地域ではその値がとても低くなるなど、人口の年齢構造が大きく影響してしまう。これに対し、「合計特殊出生率」*は15～49歳の女性の年齢別出生率を合計したものであるため、人口の男女比や年齢構造の偏りなどには影響されないという特徴がある。日本の合計特殊出生率は戦後まもなくの1947年には4.54であったが、1961年には1.96と2人を割り込み、1989年に1.57へと大きく低下した後は1.3～1.4ぐらいの間で推移している。

　ここで、どのくらいの合計特殊出生率があれば現在の規模の人口が維持できるのかを考えてみよう。親世代人口と同規模の人口を維持できる合計特殊出生率の水準を「人口置換水準」という。この水準は時代や地域によって異なるが、2015年の日本の人口置換水準は2.07であり、大人2人から2.07人の子どもが平均して生まれないと同じ規模の人口は維持できないのである。この水準でみるならば、1975年以降、日本の合計特殊出生率は人口置換水準をずっと割り込んで推移しているため、2008年から本格的に始まった現在の人口減少（と超高齢化）は40年前から続く超少子化によってプログラムされたものであるといえるだろう。

＊　一人の女性が、対象となる年の年齢別出生率と同じ出生行動をそれぞれの年齢でとったと仮定した場合の、15～49歳のうちに出産する子どもの数。なお、現在一般的にいわれる「合計特殊出生率」はある年における15～49歳の女性の年齢別出生率を合計したものであるため、「期間合計特殊出生率」ともいう。これに対し、ある年代に生まれた女性のそれぞれの年齢における出生率を合計して算出する出生率は「コーホート合計特殊出生率」という。

図1-1　合計特殊出生率と乳児死亡率（1925-2015）

移していくならば、海外から移民を受け入れない限り、人口は確実に減少し続け、2100年には総人口5,971万8千人（高齢化率38.3%）という「超高齢・定常的人口減少社会」が待っている。したがって、2025年というのは、決して高齢化のピークではなく、いまだかつてどの国も経験したことのない「その後の世界」のほんの入り口に過ぎないのである。

（2）多死社会の到来

　高齢者が多い社会とは、「死」が多い社会でもある。自治体レベルではどのぐらいの「死」が発生するのだろうか。東京都中野区（2015年国勢調査での人口は328,215人）と千葉県柏市（2015年国勢調査での人口は413,954人）を対象として、将来人口推計に将来死亡率（国立社会保障・人口問題研究所が作成する将来生命表における全国レベルでの将来死亡率に、全国と中野区あるいは柏市との現在までの死亡率の格差を考慮して筆者が算出）を乗じて、将来の死亡数を推計した。それによると、両自治体とも2035年に最初のピークを迎えた後、いったん死亡数は減少するが、団塊ジュニア世代の大量の死亡が予想される2050年以降、再度大きく増加する。最初のピークとなる2035年では団塊の世代の死亡が中心となるが、このとき、中野区では1日あたり9.3人、柏市では14.3人が死亡する計算となる。

　このように、地域づくりの対象となる多くの地域で、今後超高齢化が進み、地域で亡くなる方が増えていくことが、ほぼ確実な未来として見通されるのである。

3 ▶ 地域を知るために人口データの見方を知る

　様々な切り口があるにせよ、ある拡がりをもった地域を対象として何らかの分析をする場合、「人口」という視点は欠かせない。特に「地域づくり」は、「コミュニティづくり」あるいは「人づくり」と言い換えることもできる。人口分析をしっかり行うことが、より深い地域の分析につながる。

　ただ、公表されている数字を見るだけでは、新しい発見を生み出すことは難

第1章　未来を見通す　21

しい。例えば、国勢調査からある町の総人口がわかったとしても、最初は「思ったより多いな／少ないな」ぐらいの感想しかもてないかもしれない。あるいは65歳以上人口の割合を計算してみたとしても、まだ、地域を新しい視点から捉えたとはいえないだろう。

　では、人口という指標からどのようなことがわかるのだろうか。以下では人口データの性質、種類、様々な指標や分析方法について解説する。そして、人口データから地域の姿を浮かび上がらせる手法を紹介したい。

Episode ② アキラ、初めてふるさとの人口データをダウンロードする

　エイジから「最近、人口減少×2ってあちこちで言われているけど、さくら市は人口が増えてるんだよ」と言われ、アキラは国勢調査のデータを見てみることにした。「政府統計の総合窓口（e-Stat）」で検索すると、すぐに統計のポータルサイトが出てきた。そこで「国勢調査」の文字を見つけてクリックし、「平成27年国勢調査」のうち、「都道府県結果」から「09 栃木県」をクリックする。すると、国勢調査のそれぞれの表が一覧で現れた。「3-2　年齢（各歳）、男女別人口、年齢別割合、平均年齢及び年齢中位数（総数及び日本人）」という項目を選び、表の右端にある「CSV」というマークをクリックすると、すぐにデータをダウンロードすることができた。CSV形式のデータはエクセルで扱うことができるので便利だ。「平成22年国勢調査」の結果とも比較しようと思い、こちらもダウンロードした。

　エイジの言うとおり、さくら市の人口は2010年には44,768人であったが、2015年には44,901人へと133人増えている。しかし、さくら市内の自分の地元の町、喜連川町は2010年に5,726人だったものが、2015年には5,494人へと232人も減っていたのだ。「さくら市全体は増えているということは、別の地域で人口が増えているということか……」

　アキラはデータを見ながらつぶやいた。

表 1-1 「人口」に関する主な調査

調査の種類	国勢調査	人口動態調査	人口移動調査	住民基本台帳 人口移動報告
実施主体	総務省	厚生労働省	厚生労働省	総務省
目　的	国内の人口・世帯の実態を把握し、各種行政施策その他の基礎資料を得ることを目的とする。	我が国の人口動態事象を把握し、人口及び厚生労働行政施策の基礎資料を得ることを目的とする。	進学、就職、結婚等のライフ・イベント毎の居住地、移動理由や5年後の移動可能性、別の世帯にいる家族の居住地に関する実態等を定時的、継続的に調査・計測し、人口移動の動向と要因を明らかにする。	住民基本台帳に基づき、月々の国内における人口移動の状況を明らかにする。
動態／静態	静態	動態	静態	動態
抽出方法	全数調査	全数調査	都道府県別層化抽出	全数調査
公表頻度	5年に1度	毎年	5年に1度	毎月、毎年
調査事項	①氏名、②男女の別、③出生の年月、④世帯主との続き柄、⑤配偶の関係、⑥国籍、⑦現住居での居住期間、⑧5年前の住居の所在地、⑨就業状態、⑩所属の事業所の名称及び事業の種類、⑪仕事の種類、⑫従業上の地位、⑬従業地又は通学地⑭世帯の種類、⑮世帯員の数、⑯住居の種類、⑰住宅の建て方	①出生票 ②死亡票 ③死産票 ④婚姻票 ⑤離婚票	①世帯主および世帯員の人口学的属性（性別、年齢、世帯主との続き柄、国籍、健康状態、生存しているきょうだいの人数、配偶者の有無、教育、仕事の内容）、②世帯主および世帯員の居住歴に関する事項、③世帯主および世帯員の将来（5年後）の居住地域（見通し）に関する事項、④別居家族の居住地域	①住所 ②性別 ③年齢 ④変更情報（異動事由、異動年月）
データが提供されている最小の単位	町丁字	市区町村	ブロック（北海道／東北／北関東／東京圏／中部・北陸／中京圏／大阪圏／京阪周辺／中国／四国／九州・沖縄）	市区町村
データ提供URL*	総務省統計局＞統計データ＞分野別一覧＞国勢調査 http://www.stat.go.jp/data/kokusei/2015/index.htm	厚生労働省＞統計情報・白書＞各種統計調査＞厚生労働統計一覧＞人口動態調査 http://www.mhlw.go.jp/toukei/list/81-1a.html	厚生労働省＞統計情報・白書＞各種統計調査＞厚生労働統計一覧＞人口移動調査 http://www.mhlw.go.jp/toukei/list/117-1.html	総務省統計局＞統計データ＞50音順一覧＞住民基本台帳人口移動報告 http://www.stat.go.jp/data/idou/
利活用事例	衆議院の小選挙区の画定、比例代表区の議員定数、地方交付税の交付額の配分、将来人口推計、国民経済計算の統計、各種調査研究の基礎資料など	生命表、将来人口推計、WHO、OECDなど国際比較用の数値提供など	地域別将来人口推計の基礎資料、潜在的Uターン希望者数の試算、ふるさと納税制度の検討など	推計人口算出、各種行政施策の立案・実施のための基礎資料など

＊ URL：2018年1月12日閲覧

(1) 人口データの種類

人口に関する主な統計には、国が行っている国勢調査、人口動態調査、人口移動調査のほか、市町村に提出された転入届をまとめた住民基本台帳人口移動報告などがある。その特徴を前頁**表1-1**にまとめた。

人口データには大きく①人口静態、②人口動態、の2種類がある（**図1-2**）。

①人口静態とは、任意の1時点を選び、その瞬間的な人口の状態を表したもので、国勢調査データがその代表的なものである。国勢調査は西暦で末尾が0あるいは5の年の10月1日における人口の状態を調査したもので、全数調査である。

一方、②人口動態とは、"人口の動き"、つまり2時点の間において、人口変動を起こす要素（出生、死亡、転入、転出）の件数を調査したもので、人口動態統計がその代表的なものである。人口動態統計は、出生、死亡、死産、婚姻、離婚について集計しており、毎年作成されている。また、住民基本台帳人口移動報告という統計も、1年間の転入、転出を集計した統計である。人口移動調査は、移動についてより詳細に動向や要因を明らかにするために行われるもので、将来の移動可能性や親・子どもとの居住距離などについても調査していることが特徴である。移動そのものは動態であるが、人口移動調査は調査時点における過去の経験と将来の可能性についてたずねるものであるため、静態統計である。

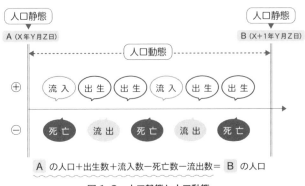

図1-2 人口静態と人口動態

人口は出生・死亡・移動という動態によって日々変化していくが、その絶え間ない変化の結果が、ある時点における静態という関係にあるため、静態と動態の違いとその関係を理解することが重要である。

（2）地域づくりに有用な人口指標と分析方法

それでは、実際に国勢調査のデータを使ってどのようなことがわかるのか、具体的にみていこう。以下では、性別・年齢別人口データを使って人口構造を探るための、代表的な指標や分析方法を紹介する。なお、それぞれの指標に、全国の数値を記載している。自分の地域を全国と比較するのに利用していただければと思う。

1）1時点のみの性別・年齢別データを用いてわかること

①ある年齢に属する人口の総人口に占める割合

特定の年齢層に属する人口を総人口で割って、割合を算出する。通常、パーセント（％）で示される。「0〜14歳人口（年少人口）」「15〜64歳人口（生産年齢人口）」「65歳以上人口（老年人口）」など。特に65歳以上人口の全人口に対する割合は「高齢化率」と呼ばれ、広く使われる。

超高齢社会となった現在では、75歳以上人口、85歳以上人口割合も重要な指標となる。

●全国での15歳未満人口割合：12.6%　　15〜64歳人口割合：60.7%

65歳以上人口割合：26.6%　　75歳以上人口割合：12.8%

85歳以上人口割合：3.9%　　100歳以上人口割合：0.05%

（数値はすべて2015年）

②2つの異なる年齢層に属する人口の比

A）従属人口指数＝（年少人口＋老年人口）／生産年齢人口×100

生産年齢人口の扶養負担の程度をあらわす指標で、働き手となる15〜64歳人口100人が、働き手とはならない14歳以下と65歳以上の人口を何人支えているのかを示す。

●全国の従属人口指数（2015年）：64.69

B）子ども女性比＝0〜4歳人口／15〜49歳女性人口

出産可能な年齢を 15〜49 歳と規定して、0〜4 歳人口との比率を示したもの。年齢別出生率がわからないときに、将来人口推計で利用される。

● 全国の子ども女性比（2015 年）: 0.193

③全ての年齢を 1 つの指標として表したもの（平均年齢）

● 全国の平均年齢（男女計）（2015 年）: 46.40 歳

男性の平均年齢: 44.80 歳　　女性の平均年齢: 47.90 歳

④人口ピラミッド

ある地域の性別・年齢別人口を最も視覚的に示すグラフである（**図 1-3**）。縦軸に年齢（一番下が 0 歳、上にいくに従って高年齢となる）、横軸は左側に男性、右側に女性として、割合ではなく実数でグラフにするのが一般的。

2）2 時点以上の性別・年齢別データを用いてわかること

①人口増加率

人口増加率（%）＝（対象時点の人口―前時点の人口）／前時点の人口×100

例えば、栃木県さくら市の人口は 2010 年に 44,768 人から、2015 年には 44,901 人に 133 人増加した。このときの人口増加率は、

133 人／44,768 人×100＝0.297（%）　となる。

②コーホート変化率

「コーホート」とは「同時出生集団」のことで、例えば 1970 年に生まれた人口を「1970 年生まれコーホート」といったり、2015 年における 20〜24 歳人口を「2015 年の 20〜24 歳コーホート」といったりする。このコーホートに着目して時系列での変化をみるのが「コーホート変化率」である（**図 1-4**）。人数に変化がなければ（転出入、死亡がゼロであったか、あるいは転入と転出・死亡数が同じであるならば）1 である。

例えば、A 町において、2010 年時点で 15〜19 歳の男性人口は 140 人だった。5 年後の 2015 年にこのコーホート（20〜24 歳）の人口が 110 人に減少していたとする。この場合、2015 年の 20〜24 歳男性コーホートの「15〜19 歳→20〜24 歳コーホート変化率」は、110 人／140 人＝0.786、と計算される。

コーホート変化率に影響する人口の要素は、転入・転出、そして死亡である（コーホート変化率はすでに出生している人口に対して行うものであるため、出生と

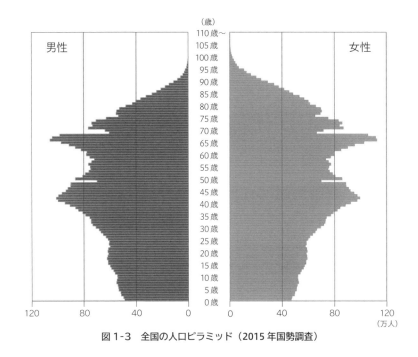

図1-3　全国の人口ピラミッド（2015年国勢調査）

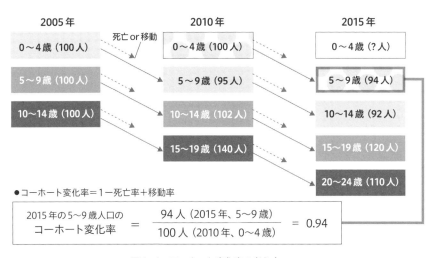

図1-4　コーホート変化率の考え方

第1章　未来を見通す　27

いう要素は考慮しなくてよい）。年齢別死亡率を考慮すると、65歳未満の死亡率は非常に低いため、ある地域での65歳未満のコーホート変化率を解釈するにあたっては、転出入による影響、すなわち移動率がそのまま反映されていると考えてよい。逆に高齢層の場合には死亡率がとても大きく影響してくるが、対象とする地域を詳細にみた場合には、老人ホームが建設されると急に高齢層のコーホート変化率が上昇することなどがあり、注意が必要である。

　以上、主に国勢調査の性別・年齢別データのみを用いて算出できる指標や分析方法を紹介した。国勢調査データを使えば、複数時点のデータで分析することも可能である。また、特にコミュニティレベルでの分析をする場合は、2000年の調査結果以降、町丁字レベルのデータがダウンロードできるため、時系列での分析も可能である。

Episode ③ アキラ、コーホート変化率を計算して意外な事実を発見する

　アキラは、エイジから「コーホート変化率」という話をはじめて聞き、自分でも計算してみようと思った。2010年、2015年の国勢調査のうち、さくら市の男女別年齢別人口のデータをダウンロードして、2010年→2015年のコーホート変化率を計算し、以下のような表をつくった（表1-2）。そして、男女それぞれで計算したコーホート変化率をグラフにしてみたところ、男女でまったく動きが違うことがわかった（図1-5）。

　「コーホート変化率は1を超えていたら、出ていく人よりも入ってくる人の方が多いんだったよな。ということは、男性は20代後半から30代後半までの年齢層と50代後半から60代前半のときに、さくら市に入ってきているのか。それなのに女性は10代後半〜20代前半で出ていく人が多く、20代後半〜30代前半で入ってくる以外はほとんど変化がないのか……？」

　このグラフをエイジに見せ、アキラは純粋な疑問をぶつけてみた。

　「なんで、男性は俺らぐらいの年代と親父ぐらいの年代で、たくさんさくら市に入ってきてるんだろう？」

　「僕もはっきりはわからないけれど、仮説として考えられるのは、20代後半から30代にかけては、男性だけでなく女性も流入超過になっているから、結婚して入っ

てきているんだろうね。10代後半から20代前半にかけてはアキラみたいに東京とかに出て行っちゃう人が多いんだけど、大学を卒業したら戻ってくる人が多いんだと思うよ。あるいは宇都宮出身の人がJターンでさくら市に入ってきているとかね。でも、50代後半から60代の男性が入ってきているのは、30年ぐらい前に出ていった人が、退職や親の介護とかで戻ってきているのかもしれないね。あるいは家を相続したとか」と、エイジ。

アキラは、自分と同じぐらいの年齢の人たちがさくら市に多く転入してきているのをはじめて知り、自分のなかで"地元に帰る"というアイデアが大きく膨らんでくるのを感じていた。

①さくら市の年齢別人口（男性）

	0〜4	5〜9	10〜14	15〜19	20〜24	25〜29	30〜34	85〜89	90〜94	95〜99	100以上
2010年	1,047	1,060	1,162	1,186	1,012	1,345	1,716	369	107	13	2
2015年	1,073	1,141	1,105	1,144	1,028	1,732	1,950	251	72	16	4

②2010→2015年コーホート変化率（男性）

	0〜4↓5〜9	5〜9↓10〜14	10〜14↓15〜19	15〜19↓20〜24	20〜24↓25〜29	25〜29↓30〜34	30〜34↓35〜39	85〜89↓90〜94	90以上↓95以上
2010→2015	1.09	1.04	0.98	0.87	1.71	1.45	1.16	0.20	0.16

表1-2　さくら市年齢別コーホート変化率（男性）

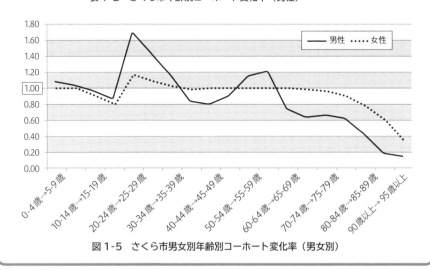

図1-5　さくら市男女別年齢別コーホート変化率（男女別）

3）国勢調査データを用いた地域分析の事例

　次に、性別・年齢別データだけではなく、世帯データや通勤通学データなども用いた地域分析の事例を紹介したい。

　石井・藤井（2007）は、横浜市の地域ケアプラザ（地域包括支援センターと地域活動交流部門を併設した横浜市独自の施設。中学校区に1ヵ所整備され、保健師、主任ケアマネ、社会福祉士などの専門職が常勤で5名配置されている）の地域交流事業を評価するため、町丁字を単位地区として、①高齢者のみの世帯率、②戸建率（戸建住宅に居住する世帯率）、③通勤通学のために乗合バスを利用する率、の3つの指標を用いて8つに類型化した（**図1-6**）。ここで用いたデータはすべて国勢調査の小地域集計データである。

　この分類では「A地区」は、高齢者のみの世帯が多く、戸建住宅が多く、駅から遠い地域、逆に「H地区」は、高齢者のみの世帯が少なく、集合住宅が多い場所で、駅から近い地域、という特徴を示している。

　上記の指標を用いて町丁字を類型化した結果を地図化し、さらに、それぞれの町丁字を統括する地域ケアプラザの区域を黒い太線で示したのが**図1-7**である。

　これを見ると、それぞれの類型はモザイク状に混在しているものの、高齢者のみ世帯が少なく、アクセスのよい集合住宅エリアは、横浜市北部エリアに多いことがわかる（G、H）。また、1つのケアプラザの担当区域には、場合によっては4〜5種類の異なる類型が含まれており、人口・居住構造のまったく異なる地区を担当しなければならない状況を確認することができる。

　このように、国勢調査データだけでもテーマを絞ることにより、地域の特徴を浮かび上がらせるような分析をすることが可能である。

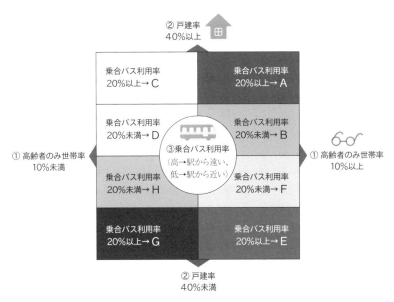

図1-6 3つの指標を用いた地区類型の事例（A〜H）

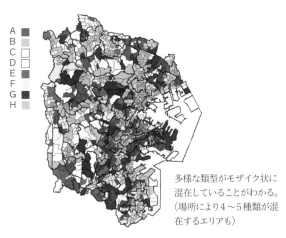

多様な類型がモザイク状に混在していることがわかる。（場所により4〜5種類が混在するエリアも）

図1-7 地区8分類で色分けした横浜市の地域ケアプラザ対象地区

第1章 未来を見通す 31

4 ▶ 人の「対流構造」について考える

　地域にはどのような人がいるのかということを考えるとき、国勢調査データだけを参考にするのは、場合によっては十分ではない。国勢調査は「常住している人（＝夜間人口）」を対象としているため、別の場所に住んでいるがその地に通勤・通学してきている人（＝昼間人口）や、観光客・買い物客（＝交流人口）などは含まれないからである。

　地域づくりの担い手となる人々はどのような人だろうか？　そこに居住している人だろうか？　それとも、そこで働いている人だろうか？　あるいは観光客やレジャー客など一時的滞在者が担い手となりうるのだろうか？

　ここでは、人の「モビリティ（移動）」という視点から、地域における人の対流構造について、4つの層に分けて考えてみよう（図1-8）。

　最も「モビリティ」が低いのは、おそらく①在宅療養をしている高齢者など、自宅からほとんど出ない人々だろう。その上に、②地域内で活動する層がいる。自分の住むエリア内で働いたり、買い物をしたりする層である。そして、その上には、③近隣エリアを行き来する層がいる。最もモビリティが高いのは、④ジェット気流のように高速で広域を移動する層だろう。この層の多くは出張で訪れるビジネスパーソンや観光客であり、外国人も含まれる。

　それぞれの層のボリュームや割合は、地区により異なるだろう。例えばある地区では、外国人観光客がジェット気流のように移動し、彼らをターゲットとした観光業が狭いエリアで活性化しているかもしれない。あるいは、在宅療養者の多いエリアでは、訪問看護ステーションが多く、近隣から看護師等の医療従事者が多数通勤してきているかもしれない。

　今後、現在の地域の取り組みを分析し評価するとともに、新たな地域づくりのための視点を獲得し、地域の個性を磨いていくためには、直接的に地域でなんらかの活動を行う上記4つの層の対流構造に加え、もう少し緩い形でも地域に関わってくれる「関係人口」を分析し、新しい「個性の芽」を発見する努力を常に続けていくことが必要であろう。

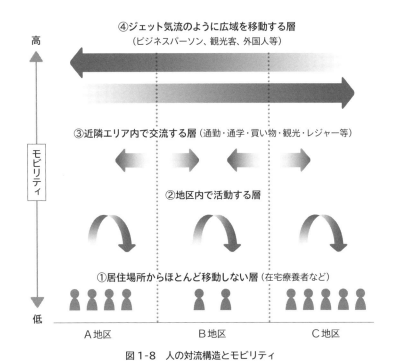

図1-8 人の対流構造とモビリティ

5 ▶ テーマ別に有効な指標のセット例

　地域づくりといっても、高齢者に重点を置いたもの、子育て世帯に重点を置いたもの、あるいは地域活性化に重点を置いたものなど、テーマによって知りたい地域の姿は変わってくるだろう。そこでここでは、テーマ別に有効だと考えられる指標のセットを提示する。

(1) 高齢者へのケア（地域包括ケア）

　地域包括ケアシステムは「重度な要介護状態となっても住み慣れた地域で自分らしい暮らしを人生の最後まで続けることができるよう、住まい・医療・介護・予防・生活支援が一体的に提供される」システムとされている（厚生労働省ホームページより）。

第1章　未来を見通す　33

65 歳以上の単独世帯や夫婦のみの世帯などの「高齢者のみの世帯」が多い場合には、家族と一緒に暮らす高齢者と比較して、日常生活の様々な面でのサポートが必要になる。買い物に行くことができているか、重い荷物は持てないためお米や飲み物などの買い物はどうしているのか、介護保険のサービスなどを利用している場合、契約内容などはちゃんと理解できているのか、病気を抱えていて療養している場合、服薬管理はきちんとできているのかなど、数え上げればきりがない。

こうした、高齢者を支えるコミュニティの潜在力を示す指標として、例えば町内会・自治会加入率で、地域活動の強さをみることができるだろう。また、住んでいる場所と働いている場所が一致している人が多い地域は、地域へのコミットメントの度合が強い人が多いと考えられるのではないかという視点で、「自宅で従業する人口」という指標も有効だろう。この指標は、国勢調査のうち、「従業地・通学地による人口・就業状態等集計」のなかの「常住地又は従業地・通学地による年齢、男女別人口、就業者数及び通学者数」で「自宅で従業」の数をみるとわかる。「専業主婦人口」も同様に、地域へのコミットメントの強さの指標となるだろう。

【高齢者ケアに有効だと考えられる指標（分析項目）】

＜高齢者に関する項目＞

・65 歳以上人口、75 歳以上人口、85 歳以上人口

・65 歳以上人口の単独世帯、夫婦のみの世帯、その他高齢者のみの世帯

・要介護度別人口

・65 歳以上のいる世帯の住む住宅の持借関係と住宅の種類

＜コミュニティの居住者に関する項目＞

・町内会・自治会加入率

・自宅で従業する人口

・専業主婦人口

(2) 子育て支援

地域づくりのテーマとして子育て支援を考えるには、その地域に居住する子

育て世帯がどのような支援を必要としているのかを見極めることが必要である。したがって、子育て期にある年齢層のライフスタイルを浮き彫りにするような分析項目が必要となる。また、子育て世帯のその地域における居住年数（新しく大規模な住宅団地が開発されて地域外から流入してきた世帯が多いのか、それとも、地元で生まれ育った人たちが多いのか）等によっても、子育て支援サービスに求められるかたちは異なるだろう。

【子育て支援に有効だと考えられる指標（分析項目）】

＜子育て世帯、子育て期にある年齢層の人口に関する項目＞
- 子ども（例えば 6 歳未満）のいる世帯数とその世帯類型
- 男女別にみた労働力人口（就業者＋完全失業者）、従業上の地位（就業者の事業所における地位のことで、雇用者、常雇、臨時雇、役員、雇人のある業主、雇人のない業主、家族従業者、家庭内職者に区分される）、通勤先
- 共働き世帯
- 現住地での居住年数
- 前住地

（3）コミュニティビジネス

地域の課題を、地域の人自らが、ビジネスの手法を使って解決する仕組みのひとつがコミュニティビジネスである。例えば、移送サービスや高齢者・乳幼児の親子サロン等がある。コミュニティビジネスを成功させるには、その地域に居住する人々のニーズをくみ取ることが不可欠であるため、対象とする地域に関わっているのは、どういう人々なのかを分析することが必要である。なお、「地域に関わっている人々」としては、前節でみたように、居住人口（＝夜間人口）だけでなく、その地で従業する人口（＝昼間人口）も考慮すべきである。したがって、国勢調査だけでなく、従業者数などについて調べることができる経済センサスも有用であろう。また、コミュニティビジネスを展開する「場」として、住宅がビジネスの場になる可能性が高いことを考慮するならば、どのような世帯がどのような住宅に居住しているのか、を把握することも重要である。また、空家についての情報を行政などから得られるならば、コミュニティ

第 1 章　未来を見通す　　35

ビジネスの拠点としても、あるいは対象としても、有用な情報となるだろう。

　例えば、ひきこもりがちな男性高齢者のためのサロンをやってみたいと考えた場合、どのような指標を用いるとよいだろうか。

　まず、対象となる地域に、ひきこもりの男性高齢者がどのくらいいる可能性があるかを試算してみよう。国勢調査で 65 歳以上の男性の単独世帯をみると x 人である。このうちの 2 割[1] がほとんど近所と付き合いがなく、ひきこもりに近い状態であると想定するならば、0.2 を乗じた x' 人が対象となるだろうという見込み数を得ることができる。

　次に、自分ひとりでサロンをつくるのは非常に難しいため、その地域で一緒にやってくれる人をどれだけ巻き込むことができるかがポイントとなるだろう。力になってくれそうな人の見込み数を計算するには、国勢調査の「産業別就業者数」をみてみよう。「医療・福祉」に従事している人、「教育・学習支援業」に従事している人などの数がわかると、このような活動を好意的に受け入れてくれる人はどれくらいいるか、場合によってはそのうちの 1 割ぐらいはボランティアで手伝ってくれるかもしれない、などの予想が立てられるだろう。あるいは、経済センサスで「産業別民営事業所数」をみてみると、「医療、福祉」「教育、学習支援業」「生活関連サービス業、娯楽業」の事業所数がわかる。これらの事業所と情報交換しながら、そこに働いている人たちの力を借りられるかもしれない、というように、これからの活動の方向性を決める手がかりを得ることができるだろう。

【コミュニティビジネスに有効だと考えられる指標（分析項目）】

＜コミュニティの「担い手力とニーズ」を推し量るための指標＞

・65 歳以上人口

・単独世帯／夫婦のみの世帯／夫婦と子からなる世帯／その他の世帯

・男女別年齢別産業・職業別従業者

・男女別年齢別労働力人口（就業者＋完全失業者）／非労働力人口（家事・通学・その他）

・男女別年齢別従業者の従業上の地位（雇用者、常雇、臨時雇、役員、雇人のある業主、雇人のない業主、家族従業者、家庭内職者に区分される）

・居住人口の通勤地

・自営業主の人口

・人口密度／世帯密度

＜コミュニティビジネスの「場づくり」の可能性を推し量るための項目＞

・世帯類型別住宅の種類、持借関係など住まいに関する項目

・都市計画上の用途地域区分

・空家に関する情報

（4）どのようなテーマでも必要だと考えられる指標

【共通分析項目】

・総人口

・65 歳以上人口

・単独世帯／夫婦のみの世帯／夫婦と子からなる世帯／その他の世帯

・持家住宅／借家住宅に住む世帯数

・戸建住宅／集合住宅に住む世帯数

　これらの指標のうち、総人口と 65 歳以上人口については、できれば 2 時点以上のデータを入手し、その変化を把握しておきたい。また、これらは実数と割合の両方を押さえておきたい。

　持家／借家、戸建／集合住宅については、持家、特に持家の戸建住宅にいったん居住すると長く住み続ける傾向が高いため、持家戸建住宅が多い地域は住民の変化が少ない傾向がある。逆に、借家や集合住宅の場合には流動性が高く、とりわけワンルームマンションが多い地域であれば若年単独世帯が居住しやすい傾向があるだろう。

Episode ④ アキラとルナ、データを分析して起業の可能性を探る

アキラはルナに地元で何をするつもりなのかと訊いてみた。すると、

「私のおじいちゃん、腎不全で今腎臓病食なの。だから、そういう病気を抱えていても安心して食べられるお弁当屋さんをやりたいなあと思って」

という答えが返ってきた。

そこでアキラは、ルナと一緒に喜連川町のデータをみることにした。

「2015年の国勢調査でみると、65歳以上人口は1,201人いるね」とアキラ。

「そうか……。じゃあ、1,201人のうち、腎臓が悪い人ってどのくらいいるかな?」

「それはそう簡単には出せないだろうなあ……。でも、あくまでも、ものすごく粗い試算だけど、全国で慢性腎不全の患者数は29万6,000人だという調査(「平成26年患者調査の概況」厚生労働省)があるから、それを全国の65歳以上人口で割ると、全国での慢性腎不全の出現率は0.9%となるね」

「うん。でも、慢性腎不全になるのって65歳以上だけじゃないでしょ?」

「もちろんそうなんだけど、ここでは年齢別の罹患率なんてわからないからさ、とりあえず、喜連川町の65歳以上人口である1,201人に0.9%をかけてみると、10.6人となるね」

「10.6人! これだけしかいないとしたら、ビジネスにならないなあ……。じゃあ、さくら市全体だったら?」

「さくら市全体の65歳以上の人口は10,648人だから、これに0.9%かけると……、94.2人だな。これだったらうまくいきそうな気もするけど、エリアが広いから配達も必要かもね!」

「なるほど!」

ルナは目を輝かせた。

6 ▶ 未来を見通す技術——未来を創るのは人である

（1）小地域を対象とした将来人口推計の手法

　前節で紹介した指標、あるいは分析は、過去から現在までの分析であり、現状を理解するのに不可欠なものである。一方、過去から現在までの変化を踏まえて将来を見通すことも必要になろう。特に、日本全体で本格的な人口減少局面に突入し、局地的な超高齢化が顕在化してきている現在、コミュニティレベルで近い将来、人口構造がどうなるのかを予測することは、現状分析と同じくらい、あるいはそれ以上に重要になる。

　都道府県、市区町村、あるいは町丁字などの小地域を対象とした将来人口推計の手法としては、①過去の人口趨勢に関数等をあてはめて推計する「関数あてはめ法」、②男女別年齢階級別人口の2時点間のコーホート変化率を用いて推計する「コーホート変化率法」、③男女別年齢階級別の死亡率、移動率を用いて推計する「コーホート要因法」が主な推計方法である。このうち、①の総人口を関数にあてはめて推計するやり方は、アウトプットとして総人口しか算出されず、男女別年齢階級別の将来の人口がどうなるのかがわからないため、不適切であり、ほとんど使われない。

　第2節で述べた通り、「コーホート変化率」は、あるコーホートが移動（転入・転出）、あるいは死亡した結果、ある人口数に変化したその増減率を表したものであるため、「コーホート変化率＝移動率＋死亡率」である。したがって、②のコーホート変化率法と③のコーホート要因法は非常によく似ているが、移動率と死亡率を分けて推計したい場合には③コーホート要因法を用いる。

　一般的に、推計はパラメータ（変数）が多いほど誤差が積み重なっていくため、小地域、特にコミュニティレベルで推計を行う場合には、②コーホート変化率法を用いるのがよいだろう。

第1章　未来を見通す　　39

(2) コーホート変化率法による小地域将来人口推計の方法

　ここでは、小地域レベルでの将来人口推計に最も適したコーホート変化率法での推計方法を具体的に説明する。小地域レベルでの各年各歳別人口では、ほんの数人の変化でも大きな数値として計算されてしまい、コーホート変化率が安定しないため、以下では5歳階級別の人口データを使用し、2010→2015年の変化率を計算して、将来人口を推計してみよう。データは、「政府統計の総合窓口（e-Stat）」（総務省統計局WEB）から、国勢調査の小地域データのうち、男女別5歳階級別人口データをダウンロードして使用する。

1) 5～9歳以上の人口の推計方法

　まずは、現時点ですでにこの世に生まれている5～9歳以上人口の5年後の推計方法について説明をする（まだ生まれていない人口については次項で解説）。

　5～9歳以上の人口については、当該地域の男女別5歳階級人口に、同地域の直近の男女別5歳階級別コーホート変化率をかければ、次期の人口が算出できる（図1-9）。

　例えば、2020年の5～9歳人口を推計するには、2010年に0～4歳だった人口が2015年に5～9歳となったときのコーホート変化率（例えば0.94）を、2015年の0～4歳人口（例えば120人）にかければよい（この場合には、120人×0.94＝112.8人≒113人となる）。

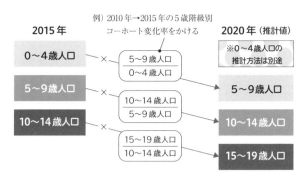

直近の人口から5歳階級別コーホート変化率を算出し、
現在の人口にかけると、次期人口を推計することができる。

図1-9　コーホート変化率法による5～9歳以上人口の推計方法

なお、適用するコーホート変化率は、原則として直近のものを用いるが、人口規模が小さすぎたり、特殊な事情が生じて人口が大量に流出したなどの現象があり、将来推計にそのコーホート変化率を適用するのが適切ではないと判断される場合もある。その場合には、過去数時点のコーホート変化率の平均値を用いたり、あるいは、対象とするエリアを含む、より広いエリアのコーホート変化率を適用するなどの工夫が必要である。最も重要なことは、なぜそのコーホート変化率を採用したのかという妥当性があることであり、誰が聞いても納得できる方法を採用することであろう。

2）0～4歳人口の推計方法

① 女子年齢別出生率を用いる方法（市区町村レベル）

　市区町村レベルであるならば、これから生まれる0～4歳人口は以下の方法で推計できる。人口動態統計で女子年齢別出生率が算出されているので、15～49歳の年齢別出生率を、将来人口推計の推計結果として得られた推計対象時点の15～49歳女性人口にかけ、ある年の出生数を推計する。さらに、その出生数を出生性比（男児出生数／女児出生数×100、日本ではおよそ105～106の間で安定して推移）によって男児と女児に振り分ける（実際には胎内にいるときからわかるけれども、生きて産まれてきてはじめて男児、あるいは女児として確定すると考える）。この男女別の出生数に、推計基準日（1月1日や4月1日など）に至るまでの男女別の移動率・死亡率をそれぞれかけると、ある時点における0歳人口を算出することができる。一度男女に振り分けるのは、この移動率・死亡率が男女別で異なるためである。ちなみに、死産の性比は209.9（2016年）と、男児が女児の2倍以上である。

　このように、女子年齢別出生率により出生数を算出し、移動率・死亡率をかけて0・1・2歳人口等を算出する方法は、ワクチン需要予測などエリア内の出生数を求める場合に有効である。では、より小さなエリアの場合はどうするか。

　あるエリアの出生率を算出してそれを将来に適用することは、そのエリアに住む女性は今後も必ず同じ出生行動をとる、と仮定することにほかならない。しかしエリアが小規模になれば、当然サンプル数は減少する。例えば人口1000人エリアの場合、女性を500人、そのうち0～100歳すべての年齢層に均等に

いると仮定すると、1つの年齢層の女性は5人となる。その5人のうち何人が出産したか、毎年統計をとったとしても、安定した指標とはなりにくい。また、出生率から人口を求める場合、前述の通り移動率をかける必要があるが、狭いマンションが多い地区では、子どもができた若い夫婦は、生まれる前、あるいは生まれた直後に引っ越すかもしれない。移動のタイミングによって出生数は大きく変わり、住宅供給事情なども影響する。小さいエリアで精度の高い出生率を推計しようとすると、パラメータ（変数）のエラーが増える可能性がある。

②子ども女性比を用いる方法（中学校区などのコミュニティレベル）

これに対し、一般的にコミュニティレベルでの将来人口推計で用いられるのは「子ども女性比」といわれる指標である。最終的な将来人口推計のアウトプットが5歳階級ごとの場合、① 0～4歳人口／15～49歳女性人口で過去（できれば複数時点）の「子ども女性比」を算出し、② それを将来推計の15～49歳女性人口にかけて0～4歳人口を算出した後、③ 0～4歳の性比で男児と女児に振

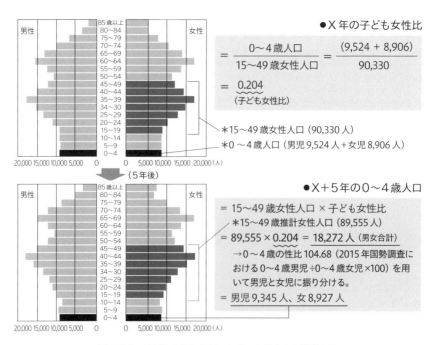

図1-10　子ども女性比を用いた0～4歳人口の推計方法

り分ける、という手順によって0〜4歳人口を推計する（図1-10）。「子ども女性比」は、ある時点における2つの異なる年齢層の人口の比率であり、「静態」的な指標である。したがって、移動や死亡という「動態」は考えなくてよい。[2]

15〜49歳の女性人口を基準とするのは、この年齢が「再生産年齢」とされているからであるが、若い年齢で出産する女性が多い地域では、15〜39歳で子ども女性比をとるのがよいかもしれないし、逆に晩産化が著しい都心部などでは、20〜49歳にするのがよいかもしれない。女性人口をどの年齢層にするかを決めるには、過去のt時点における15〜39歳などの特定の年齢層にある女性人口と0〜4歳人口との子ども女性比を、t＋5時点での15〜39歳女性人口にかけて0〜4歳人口を算出し、実際の0〜4歳人口と比較するなどの検証を行う必要がある。もし大幅なズレがあるようならば、女性人口の年齢区分を変えてみて、最もあてはまりのよい年齢層を用いるべきである。

（3）小地域将来人口推計はどのくらい先まで見通せるのか

コーホート変化率法（2時点間の同じ出生集団の人数の変化だけを変数とする方法）にせよ、コーホート要因法（2時点間の同じ出生集団の移動率と死亡率の2つを変数とする方法）にせよ、過去の変化率／移動率／死亡率を将来にあてはめて推計するという意味では、「過去の傾向がこのまま続くならばどうなるのか」ということを示すという点で同じである。もし過去の傾向の他に何かしらの条件が整ったならばどうなるのかという視点を入れるならば、それは「推計」ではなく「シミュレーション」となるだろう。

過去（多くは直近）の変化率をパラメータ（変数）とするならば、推計結果に信頼性があるのはコミュニティレベルの場合、せいぜい1〜2時点（5年ごとの推計ならば5〜10年先まで）であろう。10年以上先になると、社会経済的状況の変化が大きく、過去のコーホート変化率や移動率、死亡率をそのままあてはめ続けることの妥当性が担保できなくなるからである。

推計の計算自体は何年先までも行うことができる。しかし、推計結果を各種施策立案やエリアマーケティングなどの根拠として使うのならば、参考になるのは10年先（2期間）ぐらいまでと考えておく方がよいだろう。

Episode ⑤   アキラとルナ、ふるさとの将来人口を推計する

アキラとルナは、5年後、10年後の喜連川町の人口を推計してみることにした。

まず、アキラが「政府統計の総合窓口」のWEBページから、平成22年国勢調査と平成27年国勢調査の「小地域集計」のうち、「年齢（5歳階級）、男女別人口、総年齢及び平均年齢―町丁・字等」の表をダウンロードする。この作業はもう何度もやっているので慣れたものだ。

そして、5歳ごとの年齢の「コーホート」の人口の変化を計算する。

「2010年の0〜4歳は5年後には何歳？」とアキラがルナに訊く。

「5〜9歳。馬鹿にしないでよ。いくら数字が苦手でもこのくらいはわかるのよ」

「ごめんごめん！　じゃあ、このコーホートの変化率を計算するよ。2010年の喜連川町の男性の0〜4歳の人数は90人だったのが、5年後の2015年の5〜9歳の人口をみると77人に減ってる。77人を90人で割ると……0.86だ。これが、2010年から2015年の時期における0〜4歳→5〜9歳に変化するときの"コーホート変化率"だね」

「それで？」とルナ。

「将来も、0〜4歳の男性の人口が5年後に5〜9歳になるときには0.86、つまり86％に減るって考えるのが、"コーホート変化率法"という方法の将来人口推計の考え方なんだ。だから、2015年の0〜4歳の男性の人口である78人に0.86をかけると、5年後となる2020年の5〜9歳の人口が計算できる」

「うん、わかった。えーっと、67人か」

「そうだね。5年後の喜連川町全体の人口を推計するには、これと同じことを、男女別に全部の年齢層で計算すればいいんだよ」

「うわー、めんどくさい！」

「そんなことないよ。エクセルだったら、計算式を入れて、そのままコピーすればいいんだから。ほら、できた」

「あ、ほんとだ！　すごい！　あれ、でも0〜4歳の人口はどうするの？」

「0〜4歳はまだ今の時点では生まれていない人口だから、すぐには計算できないんだよ。今計算した、2020年の15〜49歳の女性人口に、2015年の"子ども女性

比"をかけて0〜4歳人口を計算するんだ」

「どういうこと？」

「15〜49歳の女性人口がこれだけいれば、0〜4歳人口もこれだけいるはずだ、という比率を決めて、それを将来にもあてはめるんだよ。で、その比率を"子ども女性比"といって、0〜4歳の人口を15〜49歳の女性人口で割った比率をいうんだ」

と、アキラは勉強したばかりのことをルナに教えた。

「じゃあ、2015年の喜連川町の"子ども女性比"はどのぐらいなの？」

「15〜49歳の女性人口が711人で、0〜4歳の男児と女児を合わせた人口が172だから、172人÷711人で0.242、だね」

「なるほど。それでその0.242を2020年の15〜49歳の女性人口にかければ、2020年の0〜4歳の人口が計算できるのね」

「そうだ。計算すると172人。奇しくも2015年とまったく同じ数字だけど、これが男児と女児を合わせた0〜4歳の人口ということになる。このあとは、男児と女児に分けなきゃいけない」

「どうするの？」

「男と女の比率を"性比"って言うんだけど、喜連川町の0〜4歳人口の性比をみると、2015年は83.0、つまり女の子100人に対して男の子は83人しかいなかった。ちなみに2010年は91.8で、やっぱり男の子の方が少ない。でも、普通は男の子の方が女の子よりも多く生まれるから、生まれたときの性比は105〜106なんだ。それを考えると、この喜連川町の性比はちょっと特殊なんだよ」

「へえ。じゃあ、さくら市の0〜4歳の人口の性比はどうなってるの？」

「これもけっこうばらつきがあって、2005年には102.2、つまり男の子の方がやや多かったのが、2010年には94.7と女の子の方が多くなり、2015年になると今度は逆に109.0と男の子の方が1割ぐらい多くなった。だから小さな地域でみると、ほんの少しの人数の違いが、指標にしたときに大きく計算されちゃうんだよね」

「でも喜連川町に男の子ばかり生まれたり、男の子ばかり流入してくるという理由は特にないんでしょ？」

「そう思うけど」

「じゃあ、全国レベルの性比を使ったらいいんじゃない？」

第1章　未来を見通す　45

「うん、いい考えだ。2015年の全国での0〜4歳人口の性比は104.7だから、男の子に振り分けるには、0〜4歳人口として計算した172人に104.7/204.7（＝0.51）をかければいいし、女の子に振り分けるには、100/204.7（＝0.49）をかければいい」

「204.7ってどこから出てきたの？」

「性比が104.7ということは、男が104.7人で女が100人ってことだろ。合計すると204.7人になるじゃないか」

「あ、そっか。それで計算すると、2020年の0〜4歳の男の子は（172×0.51＝）88人、女の子は（172×0.49＝）84人になるね！」

「これでやっと全部の年齢の人口が計算できたから、これを合計すると、喜連川町の総人口がわかる。2020年は5,292人、2025年は4,942人だ！」

「ということは、喜連川ってどんどん人口が減ってくの……？」

「うーん、計算によれば2020年までに202人減って3.7％の減少率、2020年から2025年にかけては351人減って6.6％の減少率ということになるな」

「2025年ってことは8年後でしょ。私たち38歳だよ。アキラ、どうするの？　このまま東京で暮らし続けるの？」

「どうしようかなあ……」

「アキラ、地元に帰ってきてよ。それで、エイジや私と一緒に、何か若い人が戻ってこれるような仕事をしようよ。私、アキラやエイジと一緒だったら、ほんとに何かできそうな気がする」

「……ありがとう。そんなふうに言ってくれて嬉しいよ。本気で考えてみようかな」

アキラは、今夜実家の両親に、喜連川に帰ろうかと思っていることを相談しようと心に決めた。

7 ▶ おわりに──人口データを扱うときのコツ

　最後に、人口データを扱うときのコツについて簡単に触れておきたい。筆者が重要だと思うコツは 2 つある。

(1)「実数」と「割合」の両方からみる

　人口データをみる上で、筆者が最も大事だと考えるのは、「実数」と「割合」のどちらかだけをみるのではなく、常に両方を意識することである。例えば、合計特殊出生率が 1.8 に上昇したとしても、その母親となる 15〜49 歳の女性人口が減少すれば、結果として生まれる子どもの数は減少するかもしれない。政策目標としては、2015 年に安倍内閣が発表した「希望出生率 1.8」というように出生率という「割合」が使われるであろうが、実際には地域に何人の子どもが生まれたのかということが、その後のサービスの需要量を予測するためには重要となろう。このように、テーマによっては「実数」がより重要である場合もあれば、「割合」がより大事だと考えられる場合もあるため、使い分けをしつつ、常に両方を意識することが大事である。

(2) 可視化する

　データを数字のまま羅列しても、見る人の心にはまったく届かない。データを「多様な人々との対話のためのツール」として使いたいならば、可視化（≒心に訴えるかたちに）することが絶対に必要である。

　データを可視化するには、①表、②グラフ、③地図、など様々な方法があるが、訴えたいことを最もよく表現できるスタイルを十分に吟味して選択することが重要だ。そして、色や形などのデザインにもこだわって、そのデータの特徴が十分に伝わり、見ている人の心を刺激するようなものにしたい。文字や数字だけが羅列された何枚もの資料よりも、インパクトのある一枚の地図の方が、ずっと人の心に直接訴え、議論を起こさせるパワーがあるのだ。

　データは、出発点であり終着点でもあると思う。データを見て、これまで意

第 1 章　未来を見通す　　47

識しなかった問題に気づく。その問題意識から出発して課題解決の方法を探り、実践し、その結果どうなったのかをまたデータで確認する。このプロセスを繰り返すことにより、地域づくりはさらなる深化と進化を遂げていくことだろう。

データの奥にはドラマがある。数字には直接表されない様々な物語に思いを馳せながら、データを扱っていただければと思う。

▶ ブックガイド ◀

● 『人口動態と政策——経済学的アプローチへの招待』（山重慎二・加藤久和・小黒一正編著、日本評論社、2013 年）出生率、将来人口推計の方法など本章で取り上げた項目について、より豊富なデータを用いてわかりやすく解説されている。また、どのような政策が有効であるのかについて考察しており、俯瞰的な視点を得たい方にお勧め。

● 『未来の年表——人口減少日本でこれから起きること』（河合雅司、講談社現代新書、2017 年）人口減少社会とはどのようなものであるのか、実感をもって想像できるように工夫された本。本当の問題は「2025 年」ではなく「2040 年代」にやってくることが明確にわかる。

注 1）　内閣府「高齢者の経済生活に関する意識調査（2011 年）」（クロス集計表 45）によれば、ひとり暮らしの男性のうち会話の頻度が 2〜3 日に 1 回以下の人は 21.9%。
http://www8.cao.go.jp/kourei/ishiki/h23/sougou/zentai/csv.html（2018 年 2 月 28 日閲覧）

　　 2）　例えば 10/1 時点における子ども女性比には、10/1 までの移動率も死亡率も含まれていると考えられる。別の言い方をすれば、出生率によって出生数を求め、移動率・死亡率をかけて 0 歳人口を求める方法は「動態的」であるのに対し、一時点の女性人口と子ども人口の比率をパラメータ（変数）として求める方法は「静態的」だといえる。

引用・参考文献

石井大一朗・藤井多希子（2007）「大都市郊外におけるコミュニティ・ケアの仕組みづくり——横浜市地域ケアプラザ地域交流事業の実態分析を通じて」『KEIO SFC JOURNAL 総合政策学特別号』Vol.7, No.1, 湘南藤沢学会

国立社会保障・人口問題研究所（2017）『日本の将来推計人口——平成 28（2016）〜77（2065）年：平成 29 年推計』
http://www.ipss.go.jp/pp-zenkoku/j/zenkoku2017/pp29_ReportALL.pdf（2018 年 1 月 12 日閲覧）

総務省統計局 WEB「政府統計の総合窓口 e-Stat」
http://www.e-stat.go.jp/SG1/estat/eStatTopPortal.do（2018 年 1 月 12 日閲覧）

もっと知りたい！Q&A

① データ分析

アキラ：人口データといっても、高齢化や人口減少だけじゃなく、世代ごとの人の移動の特徴とか、他のデータとの組みあわせでいろんなことがわかるんだね。無料のデータがこんなにあるなんて知らなかった。しかも自分でもある程度の分析はできそうだね！

Q1：日本全体の人口移動の特徴は？

僕が住んでるさくら市や宇都宮市は人口が維持されている。でもそれは、周辺の町、中でも栃木県内の中山間地から移り住んでいる人がいるからなんだな。日本全体でみると、子育て世代や定年退職したシニア層などの人口移動に、何か特徴はあるんだろうか。

回答：最新の調査（第8回人口移動調査、2016年）をみると、全国的には移動する人が減ってきているだけでなく、都道府県間での移動も減ってきているのが特徴なんだ。子育て期の30～40代は転勤や住宅購入に伴う移動が中心だけど、特徴的なのは親と同じ市区町村内、あるいは近隣の市区町村に居住する割合が約半数を占めること。親との距離がとても大事な要素なんだ。一方、60代は28.2%がUターン者で、他の年齢層と比較すると最も高いんだよ（全体では20.4%）。

Q2：「e-Stat」の500mメッシュとは？

自分の住む地区のデータを見ようと思って、総務省統計局のWEB「政府統計の総合窓口 e-Stat」を見たら、データには、小地域データとして○○町をみるものとは別に、「500mメッシュ」っていうのもあったの。これは、それぞれどういうときに使い分けるといいのかな。

回答：メッシュは、正方形の区画を単位としていて、行政区画の境域変更の影響を受けないため、メッシュ間での比較や時系列での比較が容易という利点があるんだ。また、メッシュは緯度・経度に基づいて区画されているため、距離の計測や計算がしやすいという長所もある。だから、町を気にせずに広い範囲を対象としてその内部がどうなっているのかを分析するとき、例えば商圏分析などには、メッシュが便利だろうね。

第1章　未来を見通す　49

Q3：地域の人たちの時間の使い方がわかる統計データはありますか？

　地域のイベントなどの企画をするとき、その地域に住む人が生活のなかで、仕事や趣味、育児など、どんなことに時間を使う傾向があるのかがわかると、関心に合わせた内容を企画できるはず。そんな統計データはないのかな。

　回答：国では「社会生活基本調査」という調査を 1986 年以来 5 年ごとに実施していて、2016 年に最新の調査が行われたばかりなんだ。この調査では全国で無作為に選んだ人々を対象に、生活時間の配分や余暇時間における主な活動（学習・自己啓発・訓練、ボランティア活動、スポーツ、趣味・娯楽及び旅行・行楽）を調査しているんだ。この調査をみれば、例えば夫と妻で家事や育児時間の比較もできるし、起床時刻や就寝時刻、睡眠時間もわかる。ただ、この調査は国勢調査とは違ってサンプル調査だから、調査結果は都道府県、あるいは大都市圏レベルでしかわからないことに注意する必要があるよ。

ルナ：タダで手に入るデータはたくさんあるのね。居住人口の人数、年齢や性別、世帯の形、持家／借家の戸数とかもわかるし、土地の利用や産業構造なんかもわかるんだ。アンケートや聞き取り、まち歩きなんかも楽しそう。データを活用して自分のまちをもっと知ることが大切なんだね。

アキラ：地域のことを知るほど、まちが好きになるし、もっと深く知りたくなるね。

「データ分析」のポイントは……

・マクロとミクロの視点をもつ

・「実数」と「割合」の両方を意識する

・分析の目的にあわせてデータを使い分ける（人口や年齢だけでなく、年齢や世帯、生活時間の使い方がわかるデータもある）

第2章

地域資源を捉える

田中　求

（高知大学地域協働学部　講師）

　地域とは、白い紙の上やパソコンの画面上で、山や川を描き、家や道を描き、田畑を描き足していくようにできあがってきたわけではない。多様な自然を基盤として、人が関わり、地縁や血縁を含めた様々な人のつながりが生まれ、天候不順や災害、病虫獣害などに見舞われながらも、多様な地域社会が作り出されてきたのである。

　地域社会で何らかの価値を付与され、受け継がれ続けてきたものを「地域資源」と呼ぶ。そのひとつに、伝統工芸がある。なかでも本章では、和紙を取り上げたい。わが国では、自然を活かした高度な技術により、各地域で多様な和紙が作られてきた。それらは生活や文化、芸術など様々な場面で用いられ、さらに多くの伝統工芸の素材として活用されてきた。

　地域資源の価値と活用法は、その歴史の長さのみでなく、地域社会や自然、様々な技術、生活、人のつながりを切り離しては考えられない。地域資源とは、そこから生み出されてきたものだからである。2014 年、和紙の製造技術がユネスコ無形文化遺産に登録されたが、その内容は、和紙の多様性などの特質を活かすものとはいえず、数種の和紙の製造技術が指定されたのみにとどまっている。地域資源について考えることは、原料や道具などを通じた人のつながりの維持や、環境変化への対応という問題も内包しているのである。

1 ▶ 地域資源をめぐる近年の動向

(1) 地域資源の掘り起こし

　今日、地域社会の担い手が減少するなかで、地域での維持・継承が難しい田畑や水路、道、祭り、家屋、学校などが増えている。一方で、必ずしも長い歴史がないものでも、地域のなかで強い愛着の対象として活用の道を探したり、なかには外部者によって価値を再発見されたり、新たな価値を付与されたりして、地域資源として再活用されているものもある。また近年は、地域経済の活性化と新たな担い手の確保などを目的として、政策的に地域資源への価値の付与や掘り起こしを促す動きも活発化している。

　2007 年には、「中小企業による地域産業資源を活用した事業活動の促進に関する法律（以下、中小企業地域資源活用促進法）」が施行された。中小企業地域資源活用促進法に基づき、全国で約 14,000 の地域資源が指定され、その活用による商品やサービスの開発と地域経済の活性化が進められつつある。例えば、小樽ガラス、曲げわっぱ、牛タン、秩父銘仙、四国八十八箇所霊場と遍路道など、鉱工業品から農林水産物、観光資源まで、多様な資源が指定されている。しかしながら中小企業地域資源活用促進法は、あくまでも地域資源の産業的な活用による経済的な利益の獲得が主目的であり、社会的な価値や文化・歴史的な価値など、地域資源がもっている多様な価値を活かしきれているわけではない。

　また 2011 年には、「地域資源を活用した農林漁業者等による新事業の創出等及び地域の農林水産物の利用促進に関する法律（以下、六次産業化・地産地消法）」が施行された。六次産業化・地産地消法についても、地域資源の活用による農林漁業の振興、雇用促進や所得の向上が主目的となっており、いずれも地域資源を経済的側面から捉える内容といえる。

| コラム 2-1 | 中小企業地域資源活用促進法 |

中小企業地域資源活用促進法（2007年）では、まず都道府県による「地域産業資源」の指定が行われる。その際の類型として次の3つがある（中小企業庁 2017）。

1）地域の特産物として相当程度認識されている農林水産物や鉱工業品（野菜、果物、魚、木材など）

2）地域の特産物である鉱工業品の生産に係る技術（鋳物、繊維、漆器、陶磁器など）

3）文化財、自然の風景地、温泉その他の地域の観光資源として相当程度認識されているもの（文化財、自然景観、温泉など）

指定を受けたのち、中小企業のほか森林組合や商工組合など組合や連合会が活用のための事業計画を策定し、国の認可を受けることで、様々な支援が受けられることになる。

事業計画の認可要件としては、「都道府県が指定する地域資源を活用して行われる新商品の開発・生産又は需要の開拓、役務の開発・提供又は需要の開拓であること」「地域産業資源の活用について何らかの新たな発想がみられ、地域の中小企業者等に新たな視点を提示するものであること」「事業実施により需要開拓が図られ、域外に対する売上が増加し、それが当該中小企業者の総売上高にとって相当程度大きなものとなること」が挙げられている。地域「産業」資源とされていることや認可要件からも、何らかの経済的な利益を生み出す事業が対象となっていることがわかる。

産業資源に認定されているものの例としては、「伝統技術を駆使した高齢者にも優しい曲げわっぱ（秋田県）」「糖尿病患者も楽しめるノンシュガー甘納豆（茨城県）」「秩父銘仙のシャツで新市場を開拓（埼玉県）」「震災体験から生まれた食事制限者向けの非常食（新潟県）」「藍から抽出した天然成分配合の石けん（香川県）」などがある。

(2) 地域資源とは

資源とは、人によって様々なかたちで利用され、何らかの価値を生み出すものを指す。資源のなかには、遺伝資源（遺伝子や遺伝情報）と呼ばれる極めて小さいものから、海洋資源や宇宙資源まで、広範かつ多様なものが含まれる。さ

第2章　地域資源を捉える　53

らには、社会によって何らかの有用性を見出されたものが資源とされるため、時代により新たな資源がつくられたり、逆に価値を喪失していくこともある。

　地域資源といった場合、地域にある資源という限定はあるものの、その分類は様々であり、統一的な見解やすべての資源を網羅する分類があるわけではない。例えば有形か無形か、農業や漁業など関連する産業での分類、また資源のある場所による分類などである。森林や海、川などは自然資源と呼ばれ、歴史や文化に関する建造物や行事などは文化資源、様々な技術や知識などをもつ人的資源などもある。

　これらは、経済的な価値のみが評価されて地域資源となっているわけではない。例えば自然資源は、生物多様性や遺伝情報的な価値、生活環境的な価値、景観としての価値なども有している。地域資源は産業としての側面を有するのみでなく、その地域の多様な自然や人のつながり、生業や暮らし、また様々な文化、歴史のなかで価値を見出されてきたのである。

　そもそも社会とは、人と人がつながり、結ばれてできるものである。人は、家族、親族、友人、同僚、住民同士でつながり、社会を形成してきた。人はなぜ、そのようにつながりあって社会を形成する必要があったのだろうか。

（3）地域社会の形成と地域資源

　人は、動物を殺し、植物を収穫することで命をつなぎ、子どもを育ててきた。地域の自然は、重要な生活基盤そのものであった。自然を利用し、また時にその自然に打ちのめされながら暮らすなかで、自然を奪いあうのではなく、人々がつながり助けあうことは、重要な生存戦略のひとつであっただろう。森や海、川など地域の自然を生活基盤として、それを共同利用する人々が集まり支えあうなかで、地域社会が形成されてきた。

　そして、地域の人々の暮らしや生業、絆、生死に関わるような災害、天候不順などのリスクやその歴史、自然や祖先への畏怖・畏敬など宗教観とも結びつきながら、地域社会の価値観が形成されてきた。そうした多様な価値観によって、地域の生業や人のつながり、経済、生活、文化を支える地域資源が生み出されてきたのである。

特に長い歴史のなかで形成され、受け継がれ、地域のみでなく日本の文化の基盤ともなってきた地域資源のひとつが、伝統工芸である。

笊や籠などの様々な道具を作り出す竹細工、地域の土や石から作り出される焼き物や灯籠、硯、様々な植物の繊維を用いて作られる和紙などは、いずれも地域の自然を活かし、人々が関わりあって、社会と文化を支えてきた。

筆者は、高知県を中心に、和紙の原料生産支援と全国各地の多様な和紙関係者間の橋渡しや情報共有を進めてきた。本章では、和紙という長い歴史を有する「伝統工芸」を事例に、地域資源とは何か、それがどのように地域の自然と結びつき、どのような人々が関わってつくられ、また利用され、受け継がれてきたのかをひもとき、地域資源の様々な特質を明らかにする。そして、地域資源を守り、またそのブランド力を高めていく試みとして、和紙製造技術のユネスコ無形文化遺産登録を事例に、地域資源が内包する様々な問題点を抽出することを試みる。

2 ▶ 地域資源としての和紙の特質

(1) 和紙の歴史

和紙は、最も長い歴史を有する地域資源のひとつである。越前和紙の産地である福井県越前市の岡太神社には、約1500年前に紙漉きの技術を伝えたとされる川上御前が紙祖神として祀られている（小林 1988）。

また、和紙として漉かれた年代がわかる最古のものは、正倉院に保管されている飛鳥時代（702年）の戸籍が記録された和紙といわれる（柳橋 2014：71）。この戸籍には、美濃（岐阜県）や筑前（福岡県）、豊前（福岡県東部・大分県北部）などで作られた和紙が用いられている。飛鳥時代の戸籍が現存することは、和紙が1300年以上の耐久性を有することを証明しているといえよう。

和紙の歴史の長さや地域とのかかわりの深さについては、「延喜式」からもうかがい知ることができる。延喜式とは927年に完成した法令集である。延喜式には、中男作物（17〜20歳にあたる男子が納めるべきとされた地域の産物）と

して朝廷に納められた全国各地の産物の品目や、その量などが記されており、地域資源が有する歴史を把握する上でも重要な資料である。中男作物としては、農産物や水産物、林産物、窯業や鉱業、木工、狩猟などの産物や加工品など多様な品目があるが、そのなかに「紙」が中男作物とされている地域が42ヵ国記載されている。農林水産業の統計年報である「農商務統計表」によれば、最盛期の1901年には68,562軒の手漉き和紙の工房があった。現在は300軒前後にまで減少しているものの（浅野 2014：16）、今なお北海道から沖縄まで全国に手漉き和紙の工房があり、1000年以上の歴史をもつ和紙の伝統を受け継いでいる。

　和紙は、地域の歴史と切り離せないかかわりや歴史の長さという「歴史性」をもっており、それは歴史的な価値のみでなく、伝統的な和紙のもつ耐久性など質の高さの証明にも結びついている。日本国内の国宝級の寺社仏閣や絵画などの文化財に用いられている和紙の修復には、製作された際に用いられたものと同様の技術や原料によって漉かれた和紙を使うことが、文化財保護法によって定められている。それが可能であるのは、これらの文化財とともに長い歴史を有し、その耐久性を示し続けてきた信頼に足る和紙があるからである。この和紙への信頼性は、バチカンのシスティーナ礼拝堂にあるミケランジェロの「最後の審判」の保存修復や、ルーブル美術館や大英博物館など世界各地の文化財の保存修復の現場において、和紙が重用され続けてきたことからもわかる。

　紙の耐久性は実験により証明することも可能であるが、実際に多様な条件下で長年にわたり耐久性を証明し続けてきた和紙の「歴史性」は、高い信頼性に結びついているのである。

（2）和紙と自然のかかわり

　和紙をつくる基本的な工程は、原料を水の中に入れ、簀桁で漉き上げるというものである。その他にも、原料を加工するために流水に浸す、灰汁やチリなどを除くために原料を数日間流水に晒すなど、多くの水を利用することが特徴である。水だけでなく、紙を乾燥させるための適度な風通しと日光、またシミ

や汚れの原因になる埃や鉄粉などが付着しないよう、空気の清浄さなどの自然
条件も重要である。和紙産地はこれらの条件を満たすような自然に恵まれた地
域であり、地域の多様な地形も活かしつつ紙を漉いてきたのである。

　地域の水質や水量などに応じて、紙の漉き方や和紙の風合い、性質などは変
化し、また地域で得られる原料によって和紙の種類そのものも大きく変わって
くる。和紙の原料には、コウゾやミツマタ、ガンピ、アサなどが用いられる
が、それぞれ繊維の長さや太さ、光沢、柔軟性、強さなどが異なるため、用途
に応じて多様な紙が漉かれてきた。

　例えば、福岡県の八女和紙や佐賀県の肥前名尾和紙など、九州地方ではコウ
ゾの原種のひとつといわれるカジノキを用いた和紙が主に漉かれており、繊維
が長くて太いため強い紙になり、提灯や和傘など強度が必要なものに重用され
てきた。前述の正倉院に残る戸籍用紙でも、筑前や豊前など九州で漉かれたも
のには現在と同様に赤筋の混じるカジノキの特色がある（柳橋 2014：71）。

　またコウゾのなかにも、繊維が細く柔軟で光沢があるアカソ、繊維がやや太
くて長いカナメなど様々な品種があり、漉く紙の種類に応じて好まれる品種も
異なる。カゲロウの羽と称されるほど薄くて強く柔軟な特徴を活かし、タイプ
ライター原紙として世界の市場を席巻した典具帖紙にはアカソが好んで用いら
れた（小林 1995：95）。

　コウゾは、雨量が多く、日当たりと水はけの良い山地を好む。このような自
然条件に恵まれたコウゾの国内最大の産地である高知県には、筆者が把握でき
ているものだけでも 7 品種のコウゾがあり（カナメ、タオリ、アカソ、アオソ、
シロソ、メダカ、若山コウゾ）、それが後述するような土佐和紙の特徴ともなっ
ている。

　コウゾやミツマタが山の傾斜地などの畑で栽培されてきた一方で、栽培が困
難で生育場所も限られるガンピは、地域の山をよく知り、採集の技術をもつ
人々がいることで、利用が可能な資源であった。

　前述の延喜式に記載されているだけでなく、現在においても多くの紙漉き工
房がある産地としては、福井県越前市（越前和紙）や岐阜県美濃市（美濃和
紙）、高知県（土佐和紙）などが挙げられる。特に高知県中部に位置する仁淀川

第 2 章　地域資源を捉える　　57

は、5 年連続水質日本一となっており、その中上流域の山々では、コウゾやミ
ツマタが栽培されてきた。中下流域には多くの紙漉き工房が軒を連ね、清流や
山の斜面、日当たりや風通しの良さなど地域の自然を活かした生業が地域社会
を形成している（田中 2017）。現在でも 20 軒前後の紙漉き工房がある。

（3）和紙と文化のかかわり

　次に、和紙と文化とのかかわりについてみていきたい。

　生活のなかで用いられる和紙としては、袴や紙衣、紙布などの衣類の素材
として、武士のみでなく農民を含め一般的に用いられていたほか、襖や障子
紙、壁紙、屏風など家屋の内装、団扇や扇子、和傘や提灯、漆器や花火、人
形、お面など伝統工芸の素材、化粧紙やちり紙などにも利用されてきた。ま
た、書道や版画、日本画、水墨画、掛け軸、折り紙など芸術や趣味を支える素
材でもある。

　さらには、神社の御幣や注連縄、正月飾りや盆提灯、短冊など、日本の各地
の様々な祭りや行事などにも幅広く用いられてきた。その一例が、752 年の大
仏開眼以降、現在に至るまで続けられてきた東大寺二月堂（奈良市）の行事
「お水取り（修二月会）」である。天下泰平と五穀豊穣、万民幸福を祈るこの行
事では、紙衣や帯、花飾り、守り札、小物袋、御幣、注連縄などに、白く清浄
さを意味する和紙が用いられ続けてきた（小林 1995：79-86）。

　他にも、様々な行政文書や卒業証書・契約書などの証書、紙幣や株券などに
も用いられてきた。日本の生活や文化、伝統工芸、芸術、政治や経済まで多様
な分野において、和紙はその素材として支えてきたのである。

（4）和紙がつくり出す人のつながり

　ここからは、和紙がつくり出す人のつながりについてみていこう（**図 2-1**）。

　和紙は、原料の採集・加工、仲買人や問屋、紙漉き師、道具職人、紙問屋、
紙販売者、紙利用者など、多様な人のつながりのなかで作られてきた。

　まず原料作りの過程では、地域の自然を知り、その特性を活かしながら、原
料を栽培または採集する人々がいる。その回りには原料の表皮を削り、和紙と

図2-1　和紙を作り出す人のつながり

なる靭皮繊維のみに加工する人々がいる。そして原料の流通過程には、原料農家や畑の特徴、栽培している品種、原料の質などを知り、各地を回って原料を買い集める仲買人がいる。仲買人を束ね、多様な原料を備蓄し、各地の紙漉き師が漉く紙に合った原料を供給する原料問屋もいる。

　原料を自ら栽培・採集する紙漉き師もいるとはいえ、原料の収穫作業をする冬は紙漉き時期でもあるため、通常、原料生産と紙漉きは分業でなされることが多い。その代わりに、各地の原料をよく知る仲買人や紙漉き師の求める原料などの情報を把握し、安定的に原料を供給してくれる原料問屋がいることで、紙漉き師は紙漉きに専念できた。

　紙漉きに用いる簀や桁などの道具を作る道具職人も重要な存在であった。極細の竹ひごや萱ひごなどを絹糸で編んで作られる簀や、水に浸しても歪みが生じず、様々な和紙の漉き方や紙漉き師の体格などに合わせて作られる桁は、高度な技術をもつ職人が周囲にいることで、その注文や修理を依頼することも可能となっていた。

　漉かれた多様な紙を買い取り、紙を枯らして（質を安定させるために数年間貯蔵する）、各地の紙販売店に供給する紙問屋も、和紙産地にはなくてはならない存在であった。紙漉き師にとっては、注文に応じてなるべく均質な紙を漉き続ければ紙を買い取ってもらうことができた。紙漉き師は紙を売るための営業などに力を注ぐことなく、紙漉きの技術を高める職人として紙を漉き続けることができたのである。

　紙漉きや道具作りの技術は、試行錯誤を含む多様な経験のなかで培われ、様々な工夫や技術の洗練がなされてきた。それは教科書など文字化されたものを読んで学ぶ形式知ではなく、細かい動作やコツなどを含め身体で覚え、刻みつけていく身体知でもあった。

（5）地域資源としての和紙の8つの特質

　ここまでの説明をまとめると、地域資源として和紙が有している特質は大まかに8つに分けることができる（**図2-2**）。

　まず、1300年以上の歴史に加えて、各地域の歴史とともにあり続けた和紙の

かかわりそのものの長さ、また技術を受け継ぎ続けてきた伝統を有するという、①「歴史性」が挙げられよう。例えば、古文書や絵画、古民家など、地域の様々な側面に、和紙を利用した歴史、和紙に関わった人物などの歴史が埋め込まれている。地域の歴史と和紙は不可分なのである。

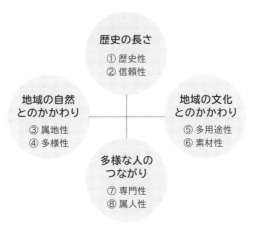

図2-2　地域資源としての和紙の特質

また、長い歴史のなかで受け継がれてきた伝統的な技法は、和紙がもつ耐久性など質の高さを証明しており、国内外で文化財の保存修復に用いられるなど、高い②「信頼性」にも結びついてきた。

和紙と地域の自然とのかかわりという側面については、各地域にある自然を活かし、また原料を栽培・採集し、水や日光、風などに依存しながら生産される和紙は、その地域だからこそ作れるという地域資源ならではの③「属地性」を有している。また各地の多様な自然や原料を活かすなかで作られる和紙は、その素材や漉く技術の違いにより種類が多様であるのみでなく、水質や細かな繊維の質を見極めながら手で漉かれるため、そもそもまったく同じものはできず、1枚1枚がわずかに異なるという、複合的な④「多様性」という特質をもっている。

和紙と地域の文化とのかかわりという側面については、まず和紙が生活用品から家屋、伝統工芸、趣味や芸術、紙幣などに至るまで、あらゆる側面に用いられてきたという⑤「多用途性」がその特質である。また和紙は柔軟性や耐久性、温かみなど様々な特徴をもち、その加工のしやすさから、多様な工芸品や表現に用いられてきた⑥「素材性」という側面がある。

和紙と多様な人のつながりについては、原料生産からその加工、紙漉き、道具作り、仲買、問屋、和紙販売に至るまで分業化が進み、それぞれが専門的に

各過程を担っているという⑦「専門性」がその特質である。また、第2節（4）でも述べたように、和紙は「属地性」や「多様性」があるのみでなく、各地域内においても特殊な和紙や紙漉き道具を作ることができる職人が限られているという⑧「属人性」がある。その技術が文章などで残されておらず、各人が経験を重ねるなかで身につけた身体知であることが、和紙の「属人性」につながっているのである。

3 ▶ 和紙製造技術の無形文化遺産登録にみる問題点

(1) 地域資源のブランド化

　近年、地域資源活用のためのブランド化とその支援を行うために法律の整備や様々な事業が進められている。そのひとつが、地域資源活用支援事業である。この事業では、中小企業地域資源活用促進法によって各都道府県が指定した地域資源について、市町村などの地域を挙げてその活用のために連携を進めようと、中小企業庁が「ふるさと名物応援宣言」として情報発信を行っている。現在までに130市区町村が応援宣言に参加しており、高知県土佐市による「土佐和紙」と「土佐和紙の技術を用いた製品群」など、和紙に関する応援宣言もある。また、中小企業庁によって「ふるさと名物応援事業」への補助金や「ふるさとプロデューサー育成支援事業」による人材育成などの支援も行われている（中小企業庁創業・新事業促進課　2017）。

　ふるさと名物応援事業のなかには「JAPAN ブランド育成支援事業」があり、複数の中小企業などの連携により、地域資源の魅力を高めて世界に通用するブランド力を確立するための取り組みへの支援が行われている。これらについても、商品開発や情報発信などによる全国・海外への市場開拓、観光を含めた経済的効果が目的となっている。ブランドとして、地域資源がもつ高度な技術や歴史、文化などに関わる背景やストーリーを消費者にアピールするためのツールとして活用している事例もある。

　さらにはユネスコ（UNESCO：United Nations Educational, Scientific and Cultural

Organization）により、地域の自然や文化資源の消失を防ぐための世界遺産登録
も行われてきた。日本では 1993 年に屋久島と白神山地が自然遺産に、法隆寺
地域の仏教建造物と姫路城が文化遺産に登録されて以降、現在までに 20 ヵ所
が世界遺産に登録されてきた。

（2）和紙のユネスコ無形文化遺産への登録

　独特な地形や自然、歴史的建造物など有形の世界遺産に加えて、舞踊や音
楽、演劇、祭礼、工芸技術などの無形の文化についても、2003 年に「無形文
化遺産の保護に関する国際条約」が採択され、2006 年の発効以降、日本では
2017 年 1 月までに、「能楽」「歌舞伎」「和紙：日本の手漉和紙技術」など 21
件がユネスコ無形文化遺産に登録されている（古田 2017）。
　日本では、福井県の越前奉書、高知県の土佐典具帖紙、兵庫県の名塩雁皮紙
については、その技術保持者が「文化財保護法」により、いわゆる「人間国
宝」として国指定重要無形文化財に指定されてきた（全国手すき和紙連合
会 2014：127）。また、団体として技術を保有しているものとして国指定重要無
形文化財の指定団体になっているのが、島根県の「石州半紙技術者会」、岐阜
県の「本美濃紙保存会」、埼玉県の「細川紙技術者協会」の 3 団体である。
　ユネスコ無形文化遺産については、人間国宝個人にしかできないというよう
な技術ではなく、技術の保護と伝承というユネスコの目的から、登録すべき技
術の保持団体があることが重視された（福井県和紙工業協同組合 2015）。そして
2014 年 11 月、文化庁が国指定重要無形文化財の認定団体としていた 3 団体
が、ユネスコ無形文化遺産に登録された技術を保持する団体として認められる
こととなったのである。

（3）地域経済の無形文化遺産登録における地域資源活用の問題点

1）属人性・多様性からみた問題点
　和紙は多くの地域に多様な種類があり、和紙に関する技術や道具は、特定の
個人に属する場合も多く、それらは和紙の価値を高める一方で、継承の難しさ
にもつながっている。

第 2 章　地域資源を捉える　　63

上述の3団体以外の和紙産地については、個人として人間国宝などに認定されたケースはあるものの、和紙に関わる技術については、各職人・各工房が研鑽を積み、また試行錯誤を続けるなかで身体知として受け継がれてきたものが主である。紙漉き師への就業希望者に対して、基本的な紙漉き技術に対する研修などを行っている地域はあるものの、特定の個人がもっている独自の技術や特殊な道具などについては公開されていなかったり、誰も受け継げない・受け継がせないまま消えてしまうこともしばしば生じている。地域によっては、他者の見学を受け入れない工房があるほか、本当に大事な道具や技術については撮影が禁じられることも多い。このように「属人性」は、地域資源としての価値を高める側面もあれば、その技術の伝達を阻害し、地域資源そのものの喪失につながることもあるのである。

　ユネスコ無形文化遺産登録は、特定の種類の和紙の製造技術を保存することについては有効であり、専門的な技術や道具などを団体で伝承することができる。しかしながら、例えば美濃和紙の産地には、本美濃紙以外にも数多くの種類の和紙があり、本美濃紙はその一部に過ぎない。ユネスコ無形文化遺産登録は、その対象があくまでも特定の種類の和紙に限られており、和紙が有している「多様性」という側面を脅かしかねないという一面もある。

　様々な品種の原料と自然を活かして、多様な和紙を漉いてきた産地では、特定の種類の和紙の技術のみを残すための保存会をつくるような動きは活発化してこなかった。「1種類の和紙の技術だけを保存することにどのような意味があるのか、わからない」「保存の対象となった和紙を多く漉いてきた工房のみが恩恵を受けるのではないか」などの紙漉き師の意見もある。

　ユネスコ無形文化遺産に登録された和紙技術の保持団体がある産地で、紙漉き師にインタビューした際も、「登録を受けた技術を用いた和紙だけを漉いていたら食べていけない」「多様な和紙を漉きたいのに技術が偏ってしまう。伝統的な和紙だけがこの地域の和紙ではない」などの意見を聞いた。「属人性」の高い和紙の技術が喪失してしまいやすい一方で、特定の和紙の技術のみの保存は、和紙の「多様性」を脅かすという側面があるのである。

2) 多用途性・素材性・専門性からみた問題点

　紙漉き師は、自分の漉いた紙がどのように利用されているのかを知らないことも多い。例えば障子紙に、書道や版画に、掛け軸に、花火の包み紙や提灯に使われているなど、和紙は「多用途性」が特質であるがゆえに、大まかな用途は知っていても、具体的にどこで誰にどのように使われ、どう評価されているのかを紙漉き師が知ることは稀である。ある産地の紙漉き師は「ちっとも問屋さんは何に使うのか教えませんけね。じゃから紙は漉きよるけど何に使うのか知らずに紙漉きよったもんですよ」と語っている（浅野 1995：24）。

　ごく一部の著名な画家や書家などが、自分の作品に合った和紙を探して工房を訪れ、製法に注文を付けたりすることはあるものの、ほとんどの芸術作品については、誰が漉いた和紙が使われたのかが明らかにされたり、紙漉き師そのものに光が当たることはない。和紙がもっている強さや柔軟性、風合い、墨の滲みやすさ、発色の良さなどが作品にとって重要な影響を与えていたとしても、素材としての和紙の質やそれを漉いてきた紙漉き師個人の技術や価値が評価の対象になることは稀であったのである。

　また、生活や家屋、趣味、芸術の変化、伝統工芸全体の衰退などにより、和紙自体の需要が低迷し、手漉き和紙の生産量が減少しているという側面もある。近年の全国和紙生産量について正確な統計はないが、全国有数の産地のひとつである高知県の手漉き和紙生産量は、1951 年の 1,688t から 2005 年には実に 13t にまで減少している（高知県商工振興課 2006：13）。

　和室のある家屋の減少により、襖や障子紙の需要が減り、衣類の素材に和紙が用いられることも稀になった。全国各地で祭りなどの行事が廃止されるなかで、正月飾りや盆提灯、短冊などで和紙を用いる機会も減っている。書道や日本画、ちぎり絵などの趣味や芸術についても衰退しつつある。例えば書道については、1996 年に 1,260 億円であった市場規模が 2014 年には 550 億円と半減した（日本生産性本部 2015）。さらには、和傘や扇子、漆器、お面など、地域資源として長い歴史をもつ伝統工芸の衰退は、素材としての和紙の需要低下にも直接的に結びついている。

　ユネスコ無形文化遺産に登録されても、このような状況が大きく変わるわけ

ではない。さらに紙漉き師は、紙の営業や宣伝などをせず、紙を漉く職人にとどまり続けてきたという「専門性」を有している。和紙そのものに注目が集まっても、紙漉き師に光が当たるわけではなく、和紙を販売し、利用者と接するのは紙販売店が主である。

ユネスコ無形文化遺産に登録されたのは、和紙そのものではなく、和紙を製造する特定の「技術」である。その技術で漉いた和紙の注文は増えたものの、必ずしも紙漉き師が紙問屋や紙販売店に卸す和紙の卸値に反映されてきたわけではない。卸値が数百円の和紙が、紙販売店では数千円で売られているような状況も続いている。

ある紙漉き師は、「1年かけて漉いた紙が全部売れても生活していけるかわからない。家族が食べていけないくらいだ」と言う。ユネスコ無形文化遺産登録を受けたある産地の紙漉き師も、「紙漉きは1年間やってモトが取れたら長者だ。次の年に使う原料を買えるお金が残ればいい方だ」と語っていた。

紙漉き師の有する技術にも注目が集まったものの、観光客による見学やマスコミなどへの対応に時間を割かれたり、集中して紙を漉く時間を確保できないという紙漉き師の不満の声も大きい。その一方で、問屋などを介した販売をやめて、直接的に利用者に和紙の情報を伝えながら販売したり、和紙の特徴を活かした加工や製品化を試行している紙漉き師もいる。また、ユネスコ無形文化遺産登録により海外からの注目が高まったことを活かして、海外での展示会や見本市への出店、美術館の文化財修復士との直接的な取引などを始める紙漉き師もいる。ただ多くの産地、工房では、十分に和紙への注目を活かせていないというのが実情なのである。

3）歴史性・信頼性・属地性からみた問題点

国内の各産地には、その特長や原料、加工の仕方などで名前が付けられた様々な手漉きの紙があり、明治期に欧米から「洋紙」が輸入されるようになると、区別するために、国内で漉かれていた伝統的な紙が「和紙」と呼ばれるようになった（稲葉 2014：6）。洋紙は、木材パルプを原料にした機械抄きの紙が主である。

しかしながら和紙についても、その原料に伝統的なコウゾやミツマタ、ガン

ピ、アサなどを用いたもののみでなく、注文に応じてより白みを増したり、単価を下げるために安価な木材パルプを混ぜることもある。国内産の原料ではなく、海外からの輸入原料が9割以上を占めるようになった産地もある。国内産地の工房が海外に紙漉き工場をつくり、そこで漉かれた紙を国内で和紙として流通させていることもある。その一方で、国内原料のみを使い続けている機械抄き紙もある。

原料の加工段階についても、ゆっくりと日光に当てながら繊維を傷めないように原料を漂白していくのではなく、繊維を痛め紙の劣化を早めることにもなる塩素漂白を行っている和紙もある。どのような原料や道具を用いて、原料加工や紙漉き過程を経ているのかについても多様であり、特定の原料や技術、道具によるもののみを和紙として定義するのは難しい。

ユネスコ無形文化遺産への登録により、国内外から和紙への注目が集まるなかで、どこでどのように漉かれたのかが明確ではない「和紙」も数多く流通している。長い歴史と伝統をもつ和紙産地の名前を冠した「和紙」であっても、原料や加工などについては伝統的な和紙とは異なることが多い。そこには新たな和紙を作っていこうとする紙漉き師の工夫や新たな技術の導入がある一方で、原料や加工法の詳細、その和紙の耐久性や質の違いなどを十分に説明している産地は稀である。一般的な名称として広く用いられてきた和紙が、どこでどのような原料や加工過程を経て作られてきた物を指すのかという定義がされず、「歴史性」ゆえにその説明が省かれていることもあるのである。

地域の自然や原料、人のつながりなどを活かした「属地性」が地域資源としての和紙の特徴となっていたものの、その質を問わなければ、海外の原料を用いたり、海外の工場に日本の紙漉き技術を導入し、そこで漉いた紙を国内和紙産地でわずかに加工し、有名和紙産地の名前を付けて売っている業者もいる。これも和紙の明確な定義がないゆえに可能となっている。

地域資源としての和紙がもっていた「属地性」や「歴史性」を看板にしつつも、伝統的な和紙が培ってきた「信頼性」を損ないかねないような原料や製法の「和紙」も少なくないのである。

ユネスコ無形文化遺産に登録された技術では、原料がコウゾであることや用

いる道具・技術などの規定がある。一方、原料の産地やその質などについては技術の保存団体の裁量に委ねられてきた。しかしながら、ユネスコ無形文化遺産への登録で、特定の種類の和紙に注目が集まり注文が増えるなかで、良質な原料の確保が困難になりつつある。対応に苦慮して、自らコウゾ栽培を始めたり、農家を回って原料に関する情報を交換しながら、質の高い原料の確保を試み始めている紙漉き師もいる。

　コウゾやミツマタの生産量は激減しており（**図2-3**）、ガンピについてもその生育場所を知る人が高齢化するなかで、いずれの産地においても原料確保が大きな問題となりつつある。コウゾについては、近年、イノシシやシカ、サルによる食害が拡大しつつあり（田中 2017）、生産農家の意欲を削ぐ要因にもなっている。

　紙を漉くための環境が変化し、思うような和紙が作れない状況も生じている。道路開発で工房周辺の交通量が増加し、紙の乾燥時に細かい錆などを含む不純物が付着してシミや劣化の原因になったり、ダム建設や農地整理などによる水路や水量の変化などで十分な水を確保できなくなった工房もある。

　和紙は、「属地性」を前提にしつつ、長い時間をかけて「歴史性」と「信頼性」を育んできたが、近年その看板に傷を付けかねないような状況が生まれており、地域の自然環境の変化により、生産そのものを脅かされている側面もあるのである。

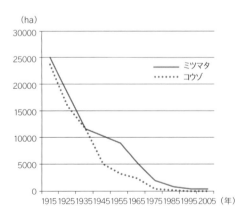

図2-3　全国のコウゾおよびミツマタ栽培面積の推移
出典）農林大臣官房統計課(1926)および日本特産農産物協会(2011)より作成

4 ▶ 地域のあり方を探るカギとしての地域資源

　本章では、和紙という伝統工芸を事例にして、地域資源としての多様な特質とそれが内包する問題点について紹介してきた。長い歴史のなかで、地域の自然を基盤として、多様かつ特色のある和紙が生み出されてきた。高い専門的技術を身体に刻み込んできた紙漉き師がつくる、信頼に足る質の和紙は、素材として多くの用途に利用され、各地域の文化を支えてきたのである。

　しかしながら、この数十年間の暮らしの変化や国土開発の広がり、第一次産業や祭りなど地域行事の衰退により、様々な地域資源を生み出してきた地域の自然や社会環境、文化そのものが揺らぎつつある。和紙の製造技術のユネスコ無形文化遺産登録も、そのような状況を変えるものにはなっていない。和紙の多様性などの特徴や技術そのものよりも、商品として一部の種類の和紙のみに光を当てるものになっており、また良質な原料の確保など様々な問題も生じている。

　伝統工芸などの地域資源を支えてきた人々には、それぞれが高い技術を有する一方で、身体知でもあるその技術についての説明ができない／しないという面もある。分業が進むなかで、農家や問屋の減少などにより原料がいつのまにか確保できなくなる、道具や部品が使えなくなる、という事態も生じている。地域資源を活かしたくても、それを担う人がいない、原料がない、技術がない、道具がない、場所がないという状況は、今後増える一方であろう。

　その一方で、新たな動きも生まれつつある。それは、「専門性」を越えて自分の技術で作り出した和紙を紙漉き師自らが説明し、販売し、加工して新たな商品を生み出していく姿である。

　自分が漉いた紙の特徴を伝え、それを本当に求めているユーザーと直接的に情報を交換しながら、それに応じた紙を漉いていく。また自分が漉きたい紙のために必要な原料についても農家と話し合い、時に自ら栽培に関わりながら確保していく。さらには自分の紙の特徴を活かせるような製品を作る。また、ユーザーに紙の「素材性」についての説明をする一方で、その質を高め、その

第 2 章　地域資源を捉える　　69

質を活かした製品化まで、紙を漉く「専門性」にとどまることなく、「専門性」を越えて新たな人のつながりをつくる動きも始まっている。大きな文房具店や紙屋であっても、多様な和紙の原料や製造過程を踏まえたうえで、和紙の特徴や用途などを詳細に説明できることは、ごく稀である。本章で述べたように、和紙は単なる紙ではなく、地域資源として多様な特質をもっている。和紙の特質を知り、その価値を共有するためには、農家と紙漉き師、紙を使う人がつながっていくことが重要なのである。

　地域資源は、地域活性化や産業振興、販路拡大など、経済的な目的のためにのみあるわけではない。地域の自然の活かし方、人と人のつながり方、どのように季節を刻み、様々な行事や祭りを受け継ぎ、生活し、そこにある価値観を共有していくのか。いわばその地域のあり方を探るためのカギこそが、地域資源のなかにあるともいえる。

　自然・社会・文化を取り巻く環境の変化や、需要の低下、原料・道具・技術の維持確保など様々な問題がある一方で、原料などを通した地域の自然とのかかわり、専門性を越えた人のつながり、地域資源のもっている価値を活かすための製品化と情報の提供など新たな動きも生じている。地域資源を利用する私たちも、その利用を通して自然の活かし方や暮らし方、人とのつながり方を見直していくこともできる。そのなかで、地域にとって何が大事なのかが見えてくるのではないだろうか。

コラム 2-2　地域資源は誰のものか
：コモンズとしての地域資源と協働・協治

　コモンズとは、様々な資源の共同管理制度およびその対象となる資源そのものを指す。コモンズに関する議論は、森林や海、河川など、自然資源の共同管理を主な議論の対象としてきた。自然資源を枯渇させることなく利用し続けるための所有制度や規制のあり方が議論されてきたのである。それは、地域住民によって慣習的に共同利用されてきた資源の国有化や私有化を正当化するような議論にも結びつくこととなった。それに対して、伝統的な焼畑などを長期的に行いながら、多様な自然を共同利用し続けてきた地域や日本における入会などの事例から、慣習的な資源の

共同利用を再評価するような流れも生じた。

　この流れは、商業伐採のような森林の大規模開発、国立公園化などの自然保護政策において、地域住民の慣習的な資源利用が軽視され、利用規制や排除の対象となっていた問題を解決しようという動きにも結びついた。そして、それは「協治論」を生み出す原動力にもなっている（井上 2004）。

　地域住民は、政府や企業などと比較して、資源に関する法的な権利や発言力、また情報や資金などの側面において、相対的に小さな力しかもっていないことが多い。それゆえに、生活基盤である資源へのアクセスを制限されることに抗うことが難しい地域住民に対して、外部者である研究者やNGO・NPOなどの有志がサポートし、また資源に関する多くの利害関係者を協議の席に着かせるための仕組みとして、「協治」のあり方が探られるようになったのである。それは、多様なアクターのかかわりによるコモンズの動態とその変容を描くという、新たなコモンズ論の流れのひとつでもある。

　またコモンズ論においては、自然資源のみでなく、祭りや踊りなどの文化資源をも議論の対象にしようという動きが生じつつある。コモンズとしての自然資源に対する事例研究が蓄積されていく一方で、過疎化による担い手不足により、受け継がれることなく消えつつある祭りなどの文化資源にまで関心が広がってきたのである（山田 2010）。

　それは地域住民の視点に立てば、当たり前のことといえるかもしれない。例えば山村住民にとって、森林や草地、河川は、先祖代々受け継いできた重要な生活基盤であり財産であるのと同様に、自然を畏敬し、収穫を喜び、雨を招き、虫や獣を避けようとするなかで形成されてきた祭りなどの文化もまた、大事な財産なのである。また科学的らしきデータをまといつつ行われる、時に情緒的・感情的な特定の野生動物の保全の強調は、その命をいただき、捨てるところがないほど大切に利用しながら文化を形成してきた地域社会の多様性を否定するような歪みを内包している。ある自然資源の生態的な価値や遺伝的な価値と、その自然資源がもつ社会的な価値や文化的な価値が衝突するという側面もあるといえよう。

　このような問題は、グローバリゼーションのなかで、ある資源に対して、口を出し、手を出し、金を出して、関わろうとするアクターが多様化してきたがゆえに生じてきたと考えられる。協治は、その解決方策を探る試行錯誤のひとつでもある（Tanaka and Inoue 2015）。

　しかしながら、そこには大きな問題が横たわっている。それは、「多様なアクターが関わるということ＝そこに多様な目的がある」ということである。

第2章　地域資源を捉える　　71

ただ単に自然資源を生態的に維持していくための管理のあり方を探るのであれば、問題はそれほど複雑ではないだろう。生態学的な知見を重視して、あとは資源の囲い込み方を工夫すればよい。しかしながら、難しいのは、資源の社会的・文化的な価値をどのように維持していくのかということである。

　文化資源は、利用されることでその価値が形成され、受け継がれていくものであるという側面をもつ。自然資源の生態的・遺伝的価値が過剰な利用によって脅かされる一方で、利用規制により自然資源の利用を抑えることは、その価値を減じる方向に大きく作用することはない。しかしながら、文化資源は、祭りの機会の減少など、いわば資源の過少な利用により失われていくため、どのように利用を維持していくのかが重要である。

　グローバリゼーションのなかで、自然資源や文化資源に多様なアクターが関わるようになり、単に持続的に利用する、そのために利用を抑制するという管理のあり方を論ずるだけでは不十分になりつつある。多様な資源に対する評価そのものも多様であり得るという前提のもとで、多様な目的と価値観をもつアクターがどのように協働しうるのか、ということが大きな問題となるのである。

▶ ブックガイド ◀

● 『**生業の歴史**』（宮本常一、未来社、1993 年）様々な生業がどのように生まれたのか、そしてそれを通してつながってきた人々の姿とその変遷が描かれている。自然と生業、地域と都市、多様な職業間のつながりなど、現在は失われつつあるその根本の姿がわかる。

● 『**地元学からの出発**』（結城登美雄、農山漁村文化協会、2009 年）ないものねだりではない「あるもの探し」を「地元学」と捉え、地域に生きてきた人々の暮らしや家族、社会のあり方から、地域再生の鍵を探っている。地域にある豊かな資源を掘り起こすための様々な視点へのヒントがある。

● 『**コモンズと文化──文化は誰のものか**』（山田奨治、東京堂出版、2010 年）地域の自然のみでなく、漫画から芸術を含む文化に関わる資源がいったい誰のものなのかについて、コモンズ論の視点から捉え直しており、地域資源が晒されている現状と今後の可能性について具体的な事例を通して考えることができる。

引用・参考文献

Motomu Tanaka and Makoto Inoue（2015）*Possibility of sharing and commitment: Suggestion by forest use and management*, University of Tokyo Press

浅野昌平（1995）「この人・この技⑨尾崎茂」全国手すき和紙連合会『季刊和紙』第 10 号，全国手すき和紙連合会

浅野昌平（2014）「和紙—その美しさの秘密：Q6 和紙の生産戸数はどのように変化してきましたか」全国手すき和紙連合会『和紙の手帖』全国手すき和紙連合会，pp.16-17

稲葉政満（2014）「和紙—その美しさの秘密：Q1 和紙と洋紙は，どう違いますか」全国手すき和紙連合会『和紙の手帖』全国手すき和紙連合会，pp.6-7

井上真（2004）『コモンズの思想を求めて——カリマンタンの森で考える』岩波書店

高知県商工振興課（2006）『高知県紙及び製紙原料生産統計』高知県商工振興課

小林良生（1988）『和紙周遊——和紙の機能と源流を尋ねて』ユニ出版

小林良生（1995）『和紙博物誌——暮らしのなかの紙文化』淡交社

田中求（2017）「和紙がつなげる人と森」森林環境研究会『森林環境 2017』22-31，森林文化協会

中小企業庁創業・新事業促進課（2017）『ふるさと名物応援宣言に関するガイドライン』中小企業庁

中小企業庁「ミラサポ」https://www.mirasapo.jp/shigen/guide/business.html（2017 年 9 月 30 日閲覧）

日本生産性本部（2015）『レジャー白書 2015』生産性出版

日本特産農産物協会（2011）『特産農産物に関する生産情報調査結果』日本特産農産物協会

農林大臣官房統計課（1926）『大正十三年第一次農林省統計表』農林省

福井県和紙工業協同組合（2015）『和紙だより』第 47 号，福井県和紙工業協同組合

古田陽久・古田真美（2017）『世界無形文化遺産データ・ブック——2017 年版』シンクタンクせとうち総合研究機構

柳橋眞（2014）「和紙—その誕生と現在：Q31 和紙は，いつ頃から作りはじめたのでしょうか」全国手すき和紙連合会『和紙の手帖』全国手すき和紙連合会，pp.70-71

山田奨治（2010）『コモンズと文化——文化は誰のものか』東京堂出版

もっと知りたい！Q&A
② 地域資源

ルナ：和紙のもつ地域資源としての魅力って、すごいんだね。

アキラ：地域資源というと、観光資源、景観資源、人的な資源、他にも色々なものがあるんだよね。

　Q1：地域資源に欠かせない要素とは？

　和紙のもつ地域資源の8つの特質は、他の地域資源にもいえることなんだろうか。あるいは、地域資源に不可欠な要素はこれだ！というようなものは、あるんだろうか。

　回答：和紙は、その歴史の長さや地域の自然、文化との関わりの強さ、多様な人のつながりが特質ですが、例えば歴史の浅い資源は地域資源ではない、ということはありません。大事なのは、「その資源の価値が、地域の中できちんと共有されている」ということです。その価値は、必ずしもお金で換算できるものばかりではなくて、人を結びつけたり、地域の誇りになったりするようなものだったりもします。

　Q2：空き家も地域資源でしょうか？

　最近、地方に限らず、空き家を活用した地域づくりが注目されている。地域資源を理解する際に、そうした空き家も地域資源と捉えてよいのかな。逆に、このように捉えると空き家も地域資源となる、といったようなことはあるんだろうか。

　回答：山村などでは、日当たりがよく強風や土砂崩れなどが避けられて、家や田畑を作るのによい場所は限られています。そのため、移住希望者がいる地域では、空き家や田畑は、とても大事な地域資源です。その一方で、家が崩れて道を塞いだりしないよう、家を解体してから出て行く人もいます。また、田畑に柿や栗などの樹木を植えてから出て行く人もいます。これには、残された空き家や荒れた田畑を見て心が荒むことを避ける意味もありますが、果樹の植えられた田畑にサルやイノシシなどが来るようになり、地域の獣害が深刻化する原因になることもあります。

Q3：資源の価値を共有するために大切なことは？

　地域資源を捉えるには、専門家というより、そこに住む人たちが、自分たちにとって大切なものだという共通認識が大事なんだと思う。共通認識をもつために、そこに暮らす住民、行政などそれぞれが強みを生かしてできることは何かあるだろうか。

　回答：高齢者のなかには、自然とかかわり、人がつながっていくなかで形成されてきた地域社会の歴史や文化を知っている方がたくさんいます。その一方で、子どもや移住者は、地域を新たな視点で見て、当たり前だと見過ごされたり忘れられていた大事なものを掘り起こすことができます。どちらも、地域にとって何が大切かを見直していくために大事な存在です。行政は、色々な意見や視点を集めて、何がなぜ大事なのか、それをどう受け継いでいくのかをみんなで考えるための機会を設けることにより、様々な世代や立場の人たちを橋渡ししていく役割を担うことが重要ですね。

Q4：他にも地域資源の事例はありますか？

　本章の最後に、「地域資源を利用する私たちも、その利用を通して自然の活かし方や暮らし方、人とのつながり方を見直していくこともできる」と紹介されていた。私たちの暮らしに身近なもので、和紙の他にも、わかりやすい事例はあるかしら。

　回答：近年、地域資源として見直されているもののひとつに水車があります。水車は農山村の5〜10軒に1つ程度作られ、手間のかかる穀物の脱穀や精白、製粉などに用いられていました。水車は、地域の山や川、谷筋などの地形や気候を活かすための知恵や技術の結晶であり、共同での水源や水路、森林の管理や挽き臼掃除などには多くの人が集まります。水車が生み出す動力は、穀物の加工のみでなく、揚水や発電などにも用いることができます。また、水車のある風景、水車が回る音、水の流れは、地域にとって大事な景観にもなるのです。

「地域資源」のポイントは……
・そこに住む人にとっての資源の価値を、地域の中で共有する
・様々な世代や立場の人の意見や視点を橋渡しする役割が重要

第2章　地域資源を捉える　　75

第**3**章

プロセスを支える

桑島英理佳（宇都宮大学基盤教育センター　特任助教）
土崎雄祐（宇都宮大学地域連携教育研究センター　特任助教）

　地域づくりとは、そもそも何だろうか。そのきっかけ、担い手、そしてゴールとは
何だろうか。例えば、自治会や子ども会などの地域組織が慣例的に行っている祭りや
イベント、環境美化活動、これらはいずれも地域づくりだろう。また、自宅を開放し
てご近所の人とお茶会をしたり、気になる一人暮らしの高齢者に声かけをするのも地
域づくりのひとつだろう。きっかけとしては、仲間とともに好きなことをしていたら
結果として地域のためになっていたというものもあれば、行政などの働きかけで始ま
るものもあるだろう。

　本章では、地域づくりのきっかけを特徴別に概観した上で、特に行政と住民が協働
して進める地域づくりの具体的なプロセスについて取り上げたい。人口減少の進む地
方において数年先・10年先を見据え、様々な団体や個人が連帯して"地域的まとま
り"をつくり直し、単独の自治会やボランティア・NPOではできなかったようなア
イデアや活動を生み出そうとする、新たな地域住民自治の萌芽をみていこう。

1 ▶ 地域づくりは主体形成から始まる

　本章では、地域づくりに関心のある人やそうでない人が集い、それぞれの多様な生き方や価値観に向きあい、地域づくりの仲間となっていく（主体形成）ためにはどのような工夫やしかけが効果的なのかを、一緒に考えていきたい。

　具体的な事例の検討に入る前に、地域づくりの「きっかけ」について考えてみよう。①誰が動機づけるのか、②計画性の有無、③担い手、の３つの視点から整理することができる。①は、行政等の外からの動機づけにより始まるものと、住民が独自に始めるものがある。②については、計画的に行うものもあれば、気がついたら（結果として）地域づくりになっていたというものもある。③の誰が行うのかという点では、自治会等の既存の組織が取り組むものもあれば、NPOやパーソナルなネットワークにより新しいグループをつくったり、複数の組織が協議体等を作るものもある。③については、第5章「組織のかたちをつくる」で詳しく学ぼう。ここではまず①と②に注目して、それぞれの違いをざっくりと把握してみよう（図3-1）。

　自発的で自由な地域づくりという点では、図3-1中のⅢが望ましいだろうが、そう簡単ではない。課題が多様に噴出し、既存の地域づくりの枠組みそのものに疑問をもち、つくり直していく必要がある時代には、Ⅰのように、行政等による外発的動機づけにより、住民が地域づくりを始めるケースも増えるだろう。Ⅳについては、行政などが担っている業務、例えば助成金や先進事例等の情報提供などにより、住民グループがそれらを活かし、結果として地域づくりの成果を生み出すケースが考

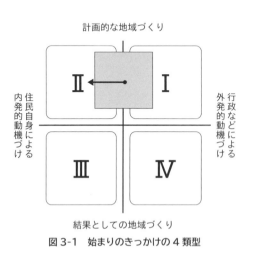

図3-1　始まりのきっかけの4類型

えられる。

あるいは図の網掛け部（Ⅰ→Ⅱ）のように、段階としては行政の働きかけが先であっても、思いを同じくした行政と地域リーダーが一緒になって地域住民に働きかけて進むケースもあるだろう。本章が扱う事例はこれにあたる。その際に重要なことは、多くの住民が納得する計画的な地域づくりのプロセスである。以下ではまず、地域づくりのプロセスのうち“始まりのきっかけ”に着目して、図3-1のⅠ、Ⅱ、Ⅲについて概括する。

（1）行政等からの外発的動機づけにより、計画的に行う（Ⅰ）

多くの地域が直面している少子化や高齢化といった問題はもとより、地域固有の問題を住民の創意工夫によって解決すべく、基礎自治体よりも小さな単位（小・中学校区など）でコミュニティをつくり直し、住民主体の地域づくり推進に向けた地域プランの策定、ないしは地域ビジョンづくりが近年加速している。策定したプランをベースとし、住民自身が必要とする事業に合わせて、資金調達と課題解決を両立する地域経営をめざす、「地域協議体」や「地域運営組織」の実践も注目されている。地域住民が災害や孤独死等の地域課題に直面し、自ら解決に向けて動き出すケースもあるが、行政等が働きかけて住民組織が応じるケースもみられる。

その際、計画が「絵に描いた餅」にならないよう、継続した地域づくり活動を見通して、助成金制度や行政職員の地区支援担当者の配置など、行政内部の地域支援の仕組みづくりも必要となる。例えば、「○○町地域ビジョン策定モデル地区」などを設定し、重点的に支援する方法もある。また、このように行政等による働きかけに住民が応じるケースの場合、住民の参加の意欲を高め、維持することにも注力しなければならない。こうした活動の生成、発展プロセスは極めて重要である。このあと、本章で把握していこう。Ⅰのタイプで、筆者らが実際に関わった栃木県内の例では次のようなものがある。

① 条例をつくり制度活用を促す栃木市

栃木市では、栃木市地域づくり推進条例に基づき、合併前の旧町を基本的なエリアとし、地域内の各種団体や住民等が参画するまちづくり団体「（総称）

第3章　プロセスを支える　　79

まちづくり実働組織」の設立を促している。市の認定を受けることで活動経費等の補助を受け、地域の課題解決や活性化につながる実践活動が行われている。

② モデル地区で重点的に取り組むさくら市

さくら市では、内閣府地方創生推進室が進める「小さな拠点づくり推進事業」を実施している。この事業は、主に中山間地域で複数の集落を含む生活圏を再構築する試みである。同市では、モデル地区において小学校区の4つの集落を対象として、各集落が連携しどのように生活サービスを充実できるか、行政の働きかけにより、集落のリーダー層を中心に検討を始めている。

(2) 住民自身の内発的動機づけにより、計画的に進める（Ⅱ）

伝統的な自治会等の地縁組織が行うものもあれば、NPOや合同会社などの団体をつくり行うもの、Ⅰで紹介したような多様な団体が連帯した組織をつくり行うものもある。地域住民総意のニーズというよりは、子育てや高齢者ケア、貧困など、生きづらさや暮らしづらさを抱える当事者が生活上の困難の解決をめざすことから始まる例がⅡタイプには少なくない。

こうした当事者による課題解決の歴史を確認しておくと、日本では公害への反対運動が始まりである（戦後の都市郊外で多くの人たちが経験した、抵抗と告発の地域づくりについては、序章第4節参照）。日本で最初の公害反対運動は、19世紀後半の栃木県と群馬県を流れる渡良瀬川周辺で起きた「足尾鉱毒事件」における田中正造を中心とする反対運動である。今日では、子育て中の母親や認知症介護者などによる多彩な活動が各地で行われており、こうした当事者によるセルフヘルプグループが起点となることが多い。当事者内外に共感の輪を広げながら仲間を増やし、時には法制度にも影響を与えながら課題解決をめざしている。高い課題解決力が期待される一方、当事者による同質性が高くなることがそうでない者への排除につながったり、「共益」的な視点が強くなりすぎるがゆえに新たな差別が生まれたりする恐れがあるので注意も必要だ。

こうした特定のニーズに対するセルフヘルプグループという観点だけなく、防災・減災、交通安全、高齢者や子どもへの見守り活動など、地域住民のほぼすべての人に共通するニーズを核として、行政等からの働きかけがなくとも、

自治会等の地縁組織が中心となって自発的に取り組む例も出ている。第5章第2節（2）4）の「変わる自治会」で示す事例はすべて、このⅡのタイプに当たる。

（3） 住民自身の内発的動機づけによる活動が、
結果としての地域づくりになる（Ⅲ）

「気の合う仲間で好きなことをしていたら、それが地域のためになっている」。なんて素晴らしいことだろう。そうした活動が多彩にある地域ほど魅力的な地域に違いない。小さなカフェが飲食の提供だけでなく、勉強会や相談会の会場として機能していくうちに、まちづくりやコミュニティビジネスの拠点になっていたり、仲間内の健康づくりからスタートした活動が広がり、行政から助成金を受けて市民講座として継続するなど、地域づくりのきっかけはふとしたところに転がっている。緩やかな人間関係のなかから、思わぬアイデアや事業が生まれる。こうした活動は始めやすさがある一方、活動が拡充・発展していく過程で、「何のために活動しているのか」を見失ったり、メンバー間のコンセンサスが取れなくなることも懸念される。経済活動や共益的な活動が地域づくり活動につながる際には、真の目的は何（どれ）なのか、あるいはどのように両立していくのかを、丁寧に確認しながら進めていくとよいだろう。

　こうしたⅢのタイプにみられる、個人の関心や起業の先にコミュニティビジネスを描く類の地域づくりについては、昨今、SNSや雑誌等で多様な紹介がなされているのでそれらに譲りたい。本章では、住民全員、地域の一人も取り残さない地域づくりに向けて、"これまでの地域のまとまり方やコミュニケーションのとり方を捉え直し、つくり変えていく必要がある"、そんな視点をもって次節に進もう。

2 ▶ 住民の主体性を育むための視点

　地域づくりには住民の主体性や納得感が不可欠である。そのためにどのような視点が重要か、具体的なワークショップや住民同士の話しあいの場づくりにおいて有益な視点について考えてみよう。

第3章　プロセスを支える　81

（1）主体性とは何か

　地域づくりの現場ではしばしば、「主体的に活動してくれる住民がいない」という声を耳にする。ここでは、まず主体性がどのように育まれるのか、いくつかの視点を挙げてみたい。

1）主体性は「居心地のよさ」から生まれる

　居心地のよい地域づくりの現場では、住民の主体性が発揮されるだろう。居心地のよさをもたらす一番の要素は、「安心して失敗できる」ということ。自分の意見を言ったり、自ら行動を起こしたりする人が多くいる現場には、失敗しても否定されない、周りがフォローしてくれるという空気が漂っている。発言をいきなり否定しないのはもちろんのこと、自由に発言できる雰囲気づくりや、発言や参加を促すちょっとした声掛けに気をつけたい。

2）主体性は徐々に育まれる

　最初からやる気満々、エンジン全開な住民が現れることを期待してはいけない。現在、熱心に活動しているあの人もこの人も、きっかけは強い誘いを断り切れずに参加していたり、頼まれて動員されて参加していたのかもしれない。最初は「仕方なく」でも、感想や気づいたことを語り振り返る機会、ちょっとした役割を設けることで、その主体性は次第に高まっていくはずだ。

　「自発性を励ますものは自発性」という言葉がある（早瀬ほか 2017）。誘う側が楽しそうでなかったり、元気がなかったりする活動に多くの参加が見込めるはずがない。地域づくりは、誰かの前向きな気持ちを起点に、同心円状にその輪が広がっていくものである。

3）主体性は熱しにくく冷めやすい？

　主体性の継続ほど難しいものはない。上述した通り、主体性を育むのには手間と時間がかかる。しかし、それを継続させるのはさらに至難の業かもしれない。大阪ボランティア協会の早瀬昇氏は「自発性は揮発性」と表現している。主体性の持続は"たき火"に似ている。着火剤のような文字通りの「火付け役」のような存在も大事だけれど、絶妙なタイミングで新たな薪をくべることや、小さな炎が徐々に大きくなっていくのをじっと待つことも必要。火が消えそう

82

になれば、扇いでみたり新しい薪をくべてみるなど、住民という「炎」に対して、様々な働きかけをしていく必要がある。地域づくりのプロセスを支える住民リーダーを含む事務局や、ファシリテーターの役割は大きい。

その一方で、主体性を継続させるためには、むしろ期間を区切るという工夫も効果的かもしれない。活動のストーリー、すなわち起承転結を計画し、あらかじめ定めた期間のなかで瞬間最大の主体性が発揮できるような場づくりも必要だ。

(2) 共通体験の重要性

地域づくりの活動現場に集まる人たち同士、あるいは同じ地域で暮らす住民間に、たくさんの「違い」があることは言うまでもない。同じところで長い間ずっと暮らしてきた人もいれば、最近引っ越してきた人もいる。やる気満々の人もいれば、誰かに言われて仕方なくやってきた人もいる。ほかにもジェンダーや家族構成、地域に関する情報量など、同じワークショップの会場や地域という同じフィールドにいる人同士であっても、一様ではない。

こうした違いを乗り越えるだけでなく、違いを「強み」に変えるのが地域づくりだ。ここでもやはり、ワークショップを企画・運営する事務局やファシリテーターの果たす役割は大きい。例えば、子どもの通学の見守り活動、集落内のゴミ拾いなど、居住歴が違う人同士が関わりあう場を設定することにより、顔見知りの関係性をつくる。また、違いを乗り越えるためには、「同じ」を見つける・つくることが大切である。同じ物を飲み食いする、同じテーマで語りあう、一緒にまち歩きをする。共通の経験や共通点がある関係性は心地よい。この経験の積み重ねが、「今度はあの人を誘ってみよう」「あの人たちと一緒に〇〇ができないだろうか」という意識や行動の変容につながっていく。こうした経験を通して仲間感が生まれ、違いを認めつつ納得できる合意につながりやすくなる。

「違い」が多いというのは多様性があるということであり、選択肢が多く、それらを比較したり組みあわせたりすることで、豊かな意思決定が可能となるはずだ。

コラム 3-1　住民同士の創造（イノベーション）を誘発させる

　日本ファンドレイジング協会の鵜尾雅隆氏は、「ファンドレイジング・日本2016」において、NPOの運営レベルを3段階で整理する提案をした。各種法令に基づきNPOを運営する「NPO1.0」、ファンドレイジング（寄付等の資金調達）などにより参加を得て事業を進める「NPO2.0」、そしてボランティアや支援者などNPOに関わっている人々自身が、自ら主体的・自発的に改革や創造を始め、それぞれが刺激しあうことで"誘発的なイノベーション"が起こる状態を「NPO3.0」とした。リーダーの予想を超えて、ボランティアや支援者が自主的に活動を広げていく状態を示している。このNPO3.0を、地域で行われるワークショップで捉えるならば、住民リーダーの予想を超えて、参加者自らの創意工夫で人を集める、さらには参加した人たちが自主的にワークショップ等の話しあいの場を作り出していく状態に至るということである。上述した第2節（1）1）〜3）のような点に配慮されたワークショップを体験すると、ワークショップの意義を実感し、次も参加しよう、自分もグループ討議でファシリテーター役を担ってみよう、さらにはテーマ別に仲間で話しあいの場をつくってみようと思う人が増えていくはずだ。ワークショップは、地域のコミュニケーション力を高めあう学びの場でもあるのだ。

コラム 3-2　**コミュニティ・ワークショップ**

　今日、ワークショップの手法を用いた地域づくりが数多く展開している。ワークショップについて、宇都宮大学の藤本信義名誉教授（故人）は、「（字義通りには）仕事場・作業場〈モノ〉を指すが、『個々の参加者〈ヒト〉が自主的な活動を通して、特定の目的を達成するための集い〈コト〉』をも指す」と指摘している。とりわけ、「地区に住む人々が、コミュニティの諸問題を互いに協力して解決し、更に快適なものにしていくために、参加者全員が主役となって行動し、目的達成を図る集いの場」をコミュニティ・ワークショップという。その効果として、①作業で使った付箋や地図などで成果が見えるので達成感がある、②地域学習と再発見（地域の魅力や課題の理解と再確認）の効果がある、③地域の将来を展望できる、④コミュニティの連帯感が増す、⑤行政・企業等との協働意識が高まる、が挙げられる。また、留意点として、①形式的な住民参加とならないようにする、②行政はきっかけづくりをして後方支援にまわる、③ワークショップの適切な場と機会を選ぶ、④ワーク

ショップの成果を事業へ生かす、の4点が挙げられる（藤本ほか 2012）。

　グループによる創造性の発揮を「集団的創造性」と呼んだアメリカの環境デザイナー、ローレンス・ハルプリンの理論を用いて、日本ではじめてコミュニティ・ワークショップが行われたのは1980年2月、山形県飯豊町椿地区における東京工業大学青木志郎研究室と宇都宮大学藤本研究室による実践である。この実践は「椿講」と名づけられた。ワークショップという外来語を使わずに、江戸時代から市井の人々の間で活用されてきた互助システムである「講」という言葉を使い、地域住民の参加のハードルを下げ、参加の意欲を高める工夫がなされている。

3 ▶ 地域づくりのプロセスをつくる
（宇都宮市細谷地区：地域ビジョンづくり）

（1）メンバー 50 名超が若手ファシリテーターでスタート！

　「地域ビジョン」とは、地域住民が構想する、概ね10年後までを見据えた理想の地域の姿と、実現に向けた活動指針のことであり、2017年3月までに宇都宮市内の11地区（39地区中）が策定してきた。地区は、主に小学校区程度の範囲の自治会が集まった連合自治会のエリアを対象としている。ここで紹介する細谷地区は、宇都宮市北部にある住宅地（総面積 4.2km^2、人口 17,000 人、自治会加入率 72%）で、2017年度の策定をめざし、まちづくり協議会長が代表となる「細谷地区地域ビジョンづくり検討委員会」（以下、検討委員会）を2016年に発足させ、活動してきた。なお、宇都宮市では、自治会をはじめとし、福祉関連団体や PTA 等の地域団体、地区内の公共機関が加わるまちづくり協議会を連合自治会エリアごとに組織し、地区の特色を踏まえた事業を実施している。

　細谷地区の地域ビジョンづくりが他地区と決定的に異なるのが、検討委員会のメンバー構成とその人数だ。他地区の検討委員会は、たいてい地域で中心的に活動しまちづくり協議会長から推薦を受けた人で構成され、全体の人数は10名前後である。細谷地区の場合、まちづくり協議会長の強い熱意で声をかけ、

第3章　プロセスを支える　85

2016年度は各種団体の代表や各自治会長など合わせて53名が集まった。細谷地区においても、会長と地域のキーパーソン数名だけで地域ビジョンを策定することも可能だったが、今回は地域ビジョンを策定することよりも、めざすべき理想の地域の姿を考えることを通して、"地域住民同士が交流することに重点を置き、新たなリーダー層の発掘や団体同士の連携をめざそうとした"のである。同時に、特徴的な地域資源もないなかで、どのようにしてメンバーに地域づくりの意欲を喚起することができるかがカギとなった。

筆者（桑島）は、この細谷地区地域ビジョン検討委員会発足を半年後に見据え、住民の意識醸成をねらいとした地域学講座からファシリテーターとして関わった。従来このような地域学講座や検討委員会のファシリテーターは、経験がある大学教授が務めることが少なくなかったが、細谷地区のまちづくり協議会長や細谷地区を管轄している北市民活動センターの行政職員等は、若手である筆者をファシリテーターとして選んだ。その理由は、住民が遠慮することなく、積極的に発言できるようにすること、そしてそれが住民同士の関係性を築くために有効だと考えられたということである。こうして、宇都宮市内において、従来は関心のある一部の人たちが担ってきた検討委員会だが、委員50名超という大人数かつ若手ファシリテーターという前代未聞のスタイルで、細谷地区地域ビジョン検討委員会がスタートすることになった。

写真 3-1 「桑ちゃんと考えよう」と書かれた毎回のプログラム（まちづくり協議会長が作成。桑ちゃんは筆者に名付けられたニックネーム）

86

表 3-1　地域学講座のプログラム

<地域学講座第 1 弾「細谷の魅力再発見」>

回	日付	内　　容
第 1 回	2015 年 8 月 22 日	まち歩き（専門家による解説あり）
第 2 回	8 月 29 日	まち歩きで発見したものをまとめ発表する

※参加者数 21 名

<地域学講座第 2 弾「アクションプランをつくろう」>

回	日付	内　　容
第 1 回	2016 年 1 月 21 日	第 1 弾で発見した地域の課題を解決するため、もしくは良いところを充実させるためのアクションプラン（すぐに取り組めるプロジェクト）を小グループに分かれて作成する
第 2 回	1 月 25 日	

※参加者数 26 名

表 3-2　地域ビジョン検討委員会の実施経過

<2016 年度細谷地域ビジョン検討委員会>

回	日付	内　　容
第 1 回	7 月 14 日	ほそやの魅力を見つける
第 2 回	8 月 9 日	理想のまちを考えよう
第 3 回	9 月 15 日	ほそやの課題を見つける
第 4 回	10 月 16 日	まち歩き
第 5 回	10 月 26 日	他地区の事例を知る
第 6 回	11 月 22 日	理想のまちの姿を川柳で表す
第 7 回	12 月 11 日	ランチ交流、地域学講座で作成したアクションプランのなかから実現してみたいものを選出
第 8 回	1 月 26 日	活動報告から地域団体を知る。分野別の課題と魅力をワークシートにまとめる
第 9 回	2 月 17 日	グループごとに地域データブックから関連がありそうなことをワークシートに記入

※参加者実数 53 人、延べ 449 名

<2017 年度細谷地域ビジョン検討委員会>

回	日付	内　　容
第 1 回	6 月 22 日	前年度検討委員会のふり返り、グループ分け
第 2 回	7 月 27 日	各団体からみた分野別の魅力や課題、新たな取り組み方策の提案
第 3 回	8 月 24 日	分野別の課題と魅力をまとめるワークシートの再検討、各団体への質問
第 4 回	9 月 28 日	ワークシートの内容を論理的に整理①
第 5 回	10 月 26 日	ワークシートの内容を論理的に整理②
第 6 回	11 月 30 日	現在の注目されている課題を踏まえてアクションプランをブラッシュアップ
第 7 回	12 月 21 日	ランチ交流、アンケート項目の検討

※参加者実数 75 名、延べ 321 名

(2)「地域学講座」で意識を醸成する

　地域ビジョン検討委員会を発足させるにあたり、まずは住民の意識醸成をねらいとした地域学講座が開催された。テーマは「細谷の魅力再発見」とし、第1弾は、地域の成り立ちや歴史を専門とする講師から、歴史資料やデータに基づいた地域の特徴について説明を聞き、実際にまちあるきを行った。ほとんどの参加者が普段は自転車や自動車を利用しており、地域をじっくり歩くということはあまりなかったようだ。また、地名の由来、病院が多い理由、他の地域にはないめずらしい場所など、専門家から知識を得ることで、地域への愛着がより強いものとなったようだ。

　第2弾はテーマを「アクションプランをつくろう」とし、第1弾のまちあるきで発見したことを素材に、課題を解決するため、もしくは良いところをさらに充実させていくためのアクションプランを4つのグループに分かれて立案した。ここでは、地域ビジョン検討委員会発足に向けて、参加者同士が「検討委員会に参加してまた会いたい」と思えるように、良好な人間関係が構築できるようなアクティビティに時間をかけた。例えば、普段食べている好きなおかずや子どもの頃の遊びなど、お互いの共通点を探したり、ほめあうワークを行うことで、所属団体を背負うのではなく、地域に住む一住民としてつながれるような時間をつくった。第2弾終了後には、「こういった話しあいが地域に必要だ」「立案したアクションプランを実践したい」といった声が聞かれるようになり、次のステージである検討委員会に入る機運を高めることができた。

(3) プロセスを支える事務局づくり

　地域学講座から約半年後、いよいよ「検討委員会」が月1回程度のペースで開催されるようになった。検討委員会の前には、「事務局」のミーティングが必ず行われる。事務局のメンバーは、まちづくり協議会長、各自治会長、行政職員、そして筆者であり、ミーティングには毎回10名前後が出席した。筆者の役割は、検討委員会のプログラムのたたき台を考え、事務局メンバーと検討し合い、実際の検討委員会をファシリテーターとして進行することである。

約50名という大人数で、長期間に亘って地域ビジョンを検討していくにあたり、限られた時間のなかでいかに住民同士が対話できる機会を創るかが重要になる。そこで、検討委員会は基本的に参加者が小グループに分かれて話しあうプログラムとし、事務局メンバーの各自治会長に協力してもらい、各グループに1人ずつファシリテーターとして配置した。ファシリテーションという概念をはじめて知った人も多いようだったが、とにかく"参加者全員が発言できるように配慮してほしい"と伝えた。そして、検討委員会を経て次の事務局ミーティングの際に、各グループの話しあいの進捗や参加者の様子などを報告してもらった。

　自治会長の方たちは、事務局メンバーとしてまちづくり協議会長によって選出されてはいたものの、はじめのうちは地域ビジョンや自分たちの役割についてあまり理解できていない様子だった。ただ、（2）で上述した地域学講座に参加していたので、その楽しさや重要性は共有しており、立案したアクションプランを実行しなければいけない、という思いは強かった。それでも最初は一参加者という意識が強く、ファシリテーターとしての働きかけは薄かった。しかし事務局のミーティングを重ね、担当グループの進捗を報告していくうちに、検討委員会の意見交換のなかで徐々にファシリテーターとしての言動がみられるようになっていった。

　事務局ミーティング自体もはじめのうちは、各自治会長および行政職員からの発言は少なく、まちづくり協議会長と「有識者」である筆者に任せていればよいという雰囲気が強かったように感じられた。まずはこの事務局メンバーが主体的になれるようにと、「皆さん、自治会やお勤めのご経験からどのような話しあいのスタイルが良いと思いますか？」「このことは行政職員の方が詳しいと思いますがいかがですか？」などと、それぞれの経験を尊重しながら発言を促した。また、事務局メンバー全員でともに創っていくという雰囲気をつくるため、異なる視点からの発言を全面的に歓迎した。

　しばらくの間は、各自治会長や行政職員は、熱い思いをもったまちづくり協議会長に遠慮するところも多少あったようだったが、回を重ねるうちに、次第に発言が増えてきた。第1期の後半になると、事務局ミーティングは白熱した

写真 3-2　事務局ミーティングの様子

ものとなっていた。自治会長、行政職員、ファシリテーターの異なる立場からの意見が飛び交い、毎回 3 時間を超える活発な議論となった。

　ある時、検討委員会の終了時間を守りつつ参加者の話しあいの時間を十分にもつために、時間配分をあらかじめ明示するべきだという筆者への提案がなされた。するとほかのメンバーから、「じゃあ時間配分はどうする？」という声が上がった。ミーティングの運営について自ら考えるまでに主体性が育まれていたのである。また、筆者が検討委員会の全体進行のなかで時間配分などに失敗することもあり、それを逆手に取り「みなさんの力を貸してください」と言って企画や進行に協力してもらうこともあった。

　このように、まずはコアとなる事務局メンバーが互いの言動によりエンパワーされ、次にそれぞれが検討委員会のなかで担う小グループのファシリテーターとして、参加者をエンパワーしていくという好循環を生み出すことにつながった。

（4）プログラム・デザインのプロセス

1）主体的に話しあうための工夫

　事務局メンバーをファシリテーターとして配置しながら、約 50 名という大人数で長期間に亘るプログラムをどのようにデザインしていくか。まちづくり協議会長からのオーダーは「何がなんだかわからないけれど、何となく来ているうちに楽しく過ごせて成果（＝地域ビジョン）ができちゃった」というものだった。実は、地域ビジョンの策定よりも重要なことがある。それは参加者同士の対話を促す機会を創るということだ。対話の先には、プログラムが終了しても継続して日常的に参加者たちが交流する姿を想像する。具体的には、お互

いが行っている活動のコラボレーションが生まれることを夢見る。このような思いが詰まった検討委員会が、月1回程度のペースで開催されていった（全体のプログラムは表3-1、3-2を参照）。

　毎回の基本的な進め方は、小グループに分かれて話しあいを行い、その結果を全体でシェアし意見交換を行うといったバズ学習スタイルとした（バズとは蜂のブンブンという羽音のこと）。ずっと同じグループのまま話しあいをするのではなく、程よく他のグループのメンバーとも交流できるように、ワールドカフェ（参加者が4人ずつ程度に分かれてテーブルで自由に話しあい、ときどき他のテーブルとメンバーをシャッフルしながら話しあいを発展させていく）やポスターセッション（写真3-3のように内容を整理した大きな紙面を使い、少人数で話しあう）といった手法も取り入れ、風通しを良くしながらグループのメンバーシップを高めていった。

　とにかく参加者一人ひとりがもっている経験を語り、お互いから学びあうことを重視して展開していった。事務局ミーティングで「もっと話しあいの時間を長くしてほしい」という声が多いと報告を受けたので、説明はできるだけシンプルに抑えた。ただ、発言を遠慮する人も多かったので、各グループに1人ずつ配置したファシリテーターに声掛けをしてもらうなどして、発言を促してもらうようにした。

　検討委員会第2期の後半は空間のデザインも工夫を施した。小グループで進めるといえば、長机を並べて島型にするなどが一般的であろう。今回は大人数のため、周囲には他のグループの声が飛び交っており、机に模造紙を置いても見づらい人も出てくる。わずかと思われがちな距離ではあるが、それが原因にもなり傍観者になってしまっている参加者が多々見受

写真3-3　机を取り払い、ボードと椅子で話しあう

第3章　プロセスを支える　　91

けられた。そこで、各グループに 1 台ずつボードを設置し、そこに模造紙を貼り付け、机は取り払い、ボードを囲むように椅子を並べるかたちにした。これで模造紙との距離がメンバー全員均一となり、まさに肘を突きあわせて話しあえる環境となり、傍観者も少なくなり、立ち上がって話をする参加者も出てきた（**写真 3-3**）。

2）合意形成のプロセス

　本検討委員会の第一義の目的は、地域の資源や課題を発見・共有し、課題解決のためのアクションを考えて、最終的に 10 年後の地域ビジョンを策定することである。そのために、基本的には参加者の意見やアイディアを付箋やワークシートに記録してもらい、それらを素材として活用しながら段階を踏んでいった。

　2016 年度のプログラムは、以下①〜⑤のプロセスをたどった。プログラム前半では、①地域の資源や課題などについて、参加者一人ひとりが付箋に記入し話しあいを行った後、②すべての付箋を行政職員が回収、カテゴリーごとに分類してまとめ、ポスターにして毎回会場に掲示した。この分類作業は、似たコメントを近くに配置するだけのものから、**写真 3-4-2** のようにイラストを追加するなどして、第三者が見た際にもわかりやすいポスターにするものまである。そして毎回の冒頭に、筆者が前回のふり返りとしてポスターから代表的な意見を読み上げ活用した。プログラム後半には、③各回のポスターを見て回り、それまでに出された参加者の意見やアイディアのなかからキーワードを選び組みあわせて、10 年後の地域の理想の姿を川柳に表してみるというアクティビティも実施した。さらに、④全員分の川柳を行政職員が回収し、書かれてあるキーワードを抽出して、6 つの分野（生活環境、安全安心、健康福祉、地域コミュニティ、次世代育成、自然・文化・歴史）を導き出した。⑤参加者は 6 つの小グループに分かれ、改めて分野別の課題や資源を考え、それらをワークシートに自由に記入していった。こうした作業をする際には、会場内を歩き回って他のポスターも参考にし、多様な視点をもてるように促した。

　2017 年度は 6 つのグループ内でメンバーの出入りがあったが、前年度に作成したワークシートを基に進めた。地域団体の活動報告を聴く回では、そこで

1 地域の資源や課題について、まずは全員が付箋に意見を記入

2 行政職員が付箋をまとめて分野ごとに掲示

3 グループに分かれ、分野に関連する意見や情報を探す

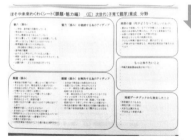

4 グループごとに分野別の課題や資源についてワークシートに記入

5 シートのキーワードを付箋に書いて模造紙に貼り論理的に並べていく

写真3-4　参加者の意見を素材に展開した地域ビジョン検討委員会

第3章　プロセスを支える　93

得られた新たな知識をワークシートにどんどん追加していった。そしてワークシートがある程度完成したところで、シートに書かれたばらばらのキーワードや文章を、地域の10年後の理想の姿、課題、解決策、関連する既存団体や既存の行事との関連性により並べなおす作業を行った。

3）試行錯誤のプロセス

このように、徹底してメンバーの意見を活用しながら進めてきた検討委員会だが、決して常にスムーズに展開できたわけではない。例えば、最初に全体で指示や説明をしたとしても、すぐに理解して作業に移ることは難しく、その後必ず個々のグループを回り、再度丁寧に説明することで理解を得ることができた。そこで、伝える内容やワークシートの項目はできるだけシンプルになるように努めた。また、シートに記入する際にはきれいな字で書かなければいけないと思い込んでしまう参加者もいたので、「なぐり書きでOK」「模造紙は共通の大きなメモ用紙」などと呼びかけ、心的な負担を取り除いた。参加者にはとにかく話しあいに集中してもらい、記録は後に事務局の行政職員が作成し直し、次回共有できるようにした。月1回程度のプログラムを続けるうちに、参加者から「何のためにアイディアを考えているのかがわからない」「毎回同じような話しあいで何も進んでいないのではないか」といったような不安の声が出てきたと、事務局ミーティングで指摘を受けた。そこで、プログラムの全体像や目的、現在の位置づけ等の説明は毎回冒頭で丁寧に行い、納得して話しあいを始められるように努めた。

コアとなる事務局メンバーとともに創ってきたプログラムを展開するなかで、ある1人の高齢女性の変化が印象に残っている。彼女は所属する団体から動員されて参加したようで、最初のうちは話しあいを指示しても「わからないよねぇ」と連呼し続け、ほかの参加者にもよくない影響を与えていた。そこで、ファシリテーターとして指示内容や目的をとりわけ丁寧に説明するよう心がけ、発言があったときは積極的に傾聴した。彼女は回を重ねていくうちに次第に「わからないよねぇ」とは言わなくなった。経験のある成人同士の話しあいを続けることで、新しく知ること・学ぶことがあることに気づきを得たのではないだろうか。

4）話しあいと実践の両輪を回す

　以上のように話しあいを進めていくと同時に、出てきたアイデアのうち、どんなに小さなことでも良いので実際に活動し、達成感を得ることで参加者の継続意欲を高めていった。具体的には、まず、地域学講座で作成したアクションプランの4つのなかから投票制で緑化活動が選ばれた。活動を実現するためのグループを改めて編成し、事務局とどのように実現するか話しあいを行った。アクションプラン自体は、「自治会対抗花壇コンテストの開催」というプランだったが、その第一歩として、検討委員会の参加者全員にコスモスの苗を配布し、自宅付近に植えてもらうことにした。ささやかな活動に見えるかもしれないが、参加者が話しあいに終わることなく、主体的に地域づくりを進めていくという意識をもてるよう、どうすればあまり負担にならない範囲で実践に移せるか、知恵を出しあった結果である。

　さらに、検討委員会のなかの健康福祉のグループが、ウォーキングマップの作成を目標に掲げるようになり、その第一歩としてグループのメンバーで実際にコースを歩いてみることになった。最終的にはグループメンバーや検討委員会の参加者だけでなく、一般参加者を広く募集し、盛況に実施することができた。今後、これらの一般参加者を巻き込んで活動していくことも期待できる。

　実践の進捗について報告を聞くことは、地域ビジョンを考える上で他のグループにとっても参考になることは多いだろう。実践するグループが困っていることを他のグループに投げかけ知恵を出しあうという、住民同士の学びあいは、連帯感も醸成させていく。ここでのポイントは、①話しあいを継続しつつ、できるだけ負担感なく実践できる小さな第一歩を見つけたこと、そして②実践できそうなことがあれば、参加者の意欲が喚起されるように、ファシリテーターが積極的に声かけをしていったことである。もちろんこれは、事前の事務局内ミーティングで、意図的に行うよう取り決めたことであった。

(5) おとなの学びを支援する「成人教育」の視点から地域づくりのプロセスを捉える

　試行錯誤で進めてきた「細谷地域ビジョン検討委員会」であるが、現在何と

第3章　プロセスを支える　　95

か各グループでアクションプランを1つずつ立案するところまで行きつき、第2期のクライマックスに突入した。長期間に亘りコアとなる事務局メンバーとともに、多様な住民による合意形成プロセスを進めてきた。多様なバックグラウンドをもつ成人たちにとって合意形成することは簡単なことではない。しかしながら第1期の途中で参加者に取ったアンケート調査の結果を見ると、44名中41名がプログラムに満足しており、半数以上が第2期の検討委員会にも参加したいと答えている（参考資料）。

　筆者が地域づくりのファシリテーションを行う際に依拠しているのが「成人教育学」である。成人教育とは、子どもとは異なるおとなの学習者の特徴を考慮した学習支援のことである。おとなの学習者がもつ特徴として次の5つが挙げられる。①プライドをもっているが、反面に不安感や緊張感も抱いている。②経験を資源に学ぶが、経験が学習を阻害することもある。③自分で決めて行動することに慣れている。④フィードバックや励ましを求める。⑤学習仲間と学びあいたいと思っている。これらの特徴をもつことをお互いに自覚することによって、よりスムーズに、より充実した話しあいが可能になる。

　多様なおとながかかわりをもつ地域づくりの現場や話しあいの場では、まずこうした成人教育の視点が重要となるだろう。そこに参加する人、つまり成人学習者のプライドも不安も受容する働きかけが求められる。成人として敬意を払いながら、誰のどのような経験でもすべてが異なり尊重すべきものであることを、そこに集うすべての人たちに理解してもらうのである。

　地域づくりのプロセスをつくり出すこととは、地域ビジョンづくりにおけるまちづくり協議会長がめざしたように、過程を通して地域づくりの仲間を増やしていくことである。そしてそれは、おとなの学びあいが継続するようなワークショップや事務局会議をつくり出すことなのである。

〔参考資料：参加者アンケート〕

　第 1 期の途中で参加者 44 名に対しアンケート調査を行ったところ、「とても満足」と「やや満足」が 41 名と、満足度がかなり高い。また、特に良かったことは、①参加者同士での話しあい（43 名）、②まち歩き（26 名）、③分野ごとの話しあい（25 名）、④事例紹介（21 名）となっている。検討委員会に参加して変化したことは、①地域への愛着や関心が強くなった（29 名）、②地域について語りあうことができて満足した（27 名）、③知りあいが増えた（23 名）、④地域活動に活かせる情報を得ることができた（20 名）であった。また約半数が次年度の検討委員会に参加したいと答えている。

▶ ブックガイド ◀

- ●『研修・訓練における成人指導の方法』（ウィリアム・A・ドレイブス著、三浦清一郎ほか訳、全日本社会教育連合会、1990 年）成人はなぜ、どのように学ぶのか、それらに対応する学習支援者の働きかけ方から具体的な教育手法まで、実践的な内容が盛り込まれている。
- ●『おとなを教える──講師・リーダー・プランナーのための成人教育入門』（ジェニー・ロジャーズ著、藤岡英雄監訳、学文社、1997 年）成人学習者や学習支援者の「なまの発言」を引用しながら、成人教育のポイントを伝えている。
- ●『モチベーション 3.0──持続する「やる気！」をいかに引き出すか』（ダニエル・ピンク著、大前研一訳、講談社、2010 年）アメとムチではない、自分の内面から湧き出る「やる気（Drive）！」に着目した 1 冊。

引用・参考文献

ジョン・デインズほか著，小川剛ほか訳（1996）『おとなが学ぶときに』全日本社会教育連合会

早瀬昇ほか著，日本ボランティアコーディネーター協会編（2017）『ボランティアコーディネーション力』第 2 版，中央法規出版

藤本信義ほか（2012）『居住環境整備論』（放送大学大学院教材）放送大学教育振興会

もっと知りたい！Q&A
③
地域づくりのプロセス

アキラ：見ず知らずの人と議論して地域づくりを進めるなんて想像もできなかった。丁寧に手順を踏んでいけば、今よりも楽しい地域を描いて、実現していくこともできるんだ。勇気が湧いたよ。

ルナ：そうね。アキラの知識と人柄があれば、地域づくりのニューリーダーになれるんじゃないかな。

Q1：協働の地域づくりとは？

よく「協働」って言葉を耳にするんだけど、協働の地域づくりっていったいなんだろう。

回答：協働の地域づくりは「地域の課題を一緒に考え、解決に向けて一緒に行動すること」あるいは「まちづくりの責任と喜びを分かちあうこと」と筆者は捉えています。立場や経験、行動様式が異なる人と協働することは手間がかかる一方、関わる人たちの強みが重なりあうことで新たなアイデアが生まれたり、課題解決の力が増強されたりすることが期待できます。みんなの周りにはどんな協働のパートナーがいるか考えてみよう。

Q2：若者も参加したくなるには？

地域づくりというと、お年寄りやいつものメンバーだけが参加しているイメージがあるなあ。お年寄りと若い人ではそもそも関心も違うけど、若い人も関わりやすい活動や工夫にはどんなものがあるのかな。

回答：ある調査でボランティア活動への参加動機を尋ねたところ、最も多い回答が60代では「社会に対する恩返し」だったのに対し、20代では「人格形成や成長をしたい」という結果でした。また、2017年には「インスタ映え」という言葉が大流行しました。若い人たちが自分自身の成長を実感できるような活動プログラムにしたり、SNSで思わず拡散したくなるような情報を素敵な画像と共に発信したり、という工夫はどうだろう。

Q3：お金がかかりそう……。

　地域づくりのプロセスで、人を集めてワークショップしたり、専門家を呼んで講義してもらったりすると、何かとお金がかかりそう。行政からお金がもらえたりするのかな。自分たちで集める方法もあるかしら。

　回答：地域づくりの活動そのものや、その前段のアイデア出しや合意形成のためのワークショップに対する経済的な支援制度をもつ行政機関は全国各地にみられます。一度自分が住む地域にどんな制度があるか調べてみよう。また、協賛金や寄付金を自分たちで集めることも考えてみましょう。近年、インターネットで少額の資金を多くの人から集める「クラウドファンディング」が注目を集めており、これを活用した地域づくりの資金調達も増えています。

 アキラ：地域づくりのプロセスで重要なファシリーテーションや、地域づくりを実際に進めていく上でのプラットホームづくり、組織づくりも重要だね。第 4 章、第 5 章で具体的な事例を通して学んでいこう。

> 「地域づくりのプロセス」のポイントは……
> ・立場や経験等が異なる人々との協働が強みになる
> ・世代の関心に合わせて、活動プログラムを一工夫
> ・行政の支援制度やクラウドファンディングも活用！

第4章

対話と熟議を育む

徳田太郎
(特定非営利活動法人日本ファシリテーション協会 フェロー)

写真 4-1　茨城県ひたちなか市でのワークショップ

　「地域づくりは"課題解決"より"主体形成"」。私たちは序章でこのように述べた。そして"主体形成"とは、「対話を重ねる仲間をつくり直すこと」に他ならないとも論じた。では、どうすればそのような「つくり直し」ができるのだろうか？　そのための様々な「働きかけ」を考えるのが、本章である。

　まずは、キーワードとなる「対話」「熟議」「ワークショップ」「ファシリテーション」といった概念について、一つひとつ確認していく。その上で、具体的な事例に即しながら、どのような働きかけが「つくり直し」に寄与するのか、読者とともに探ってみたい。個々の働きかけは、いずれもほんのちょっとした工夫に過ぎない。しかし、そのようなささやかな取り組みを丁寧に重ねていくこと以外に、地域において豊かな関係を紡ぎ、新しい価値を醸し出していく術はないのだ。

1 ▶ 話しあいのモード──対話／熟議という考え方

　読者は、本書ですでに何度も「対話」という語に触れている。また、日頃の活動を通じて、「対話」についての自分なりのイメージももっているだろう。しかし、改めて「対話とは何か」と問われると、困ってしまう人も多いのではないだろうか。まずは、「対話」とはいったいどのような話しあいなのか、なぜ地域において「対話」の場が重要なのか、概要をつかんでおこう。

(1) 対話とはどのような話しあいか

　一口に「話しあい」といっても、井戸端から議会まで、様々な場所で行われている。雑談、対談、会話、談話、議論、討論、交渉、折衝、協議、審議……。いろいろな話しあいのなかで、特に「対話」というときに、私たちはどのような話しあいを指し示したいのだろう。

　困ったときには、語源に遡るのが一番である。対話（dialogue）は、ラテン語の dialogus、さらにはギリシャ語の dialogos に由来する。dia- はおおむね across に相当し（「2つ」を意味する di- ではない＝対話をするのは2人とは限らない）、logos は「言葉（とその意味）」を指している。つまり、言葉（そしてその意味）が、向こう側へと渡っていったり、交差したりするイメージだ。

　ここで着目したいのは、言葉（意味）へのこだわりだ。例えば、「子育て世代にやさしい地域」というテーマを前にした時に、「『子育て世代』って、具体的にどういう人たちだろう？」「『やさしい』って、

どういうことだろう？」といった問いが浮かんできたら、それは対話への第一歩である。さらに「『子育て世代にやさしい』ことは、地域にどのような意味をもたらすのだろう？」といった問いも考えられる。こういった問いに対して思いや考えを交差させるような話しあいが、対話であるといえるだろう。気の向くままに話題があちこちに飛ぶような、とりとめのないおしゃべりとは異なるということだ。

　対話には、他にどのような特徴があるのだろうか。先にみたように多くの類義語があるが、ここではよく比較される「議論」との違いから考えてみよう。議論（discussion）は、ラテン語の discussus（分散させられた）に由来する。dis-は「分離」、cus は「打つ」とか「ゆさぶる」という意味だ。すなわち、叩いたり、ゆさぶったりして、断片化、細分化していくイメージを表している。

　砕いた破片を前にすると、人は、すぐに評価・判断をしたがるものだ。私の破片の方が大きい、いや私の破片の方が美しい……。そう、議論とは本質的に、優劣や勝ち負けを競ったり、説得と反論の応酬を繰り返したりといった性質を有する話しあいであるといえるだろう。

　対話は、このような「正しさ」や「良さ」に関する評価・判断を、少なくともいったんは保留する。意見が異なったら、「どちらが正しいか」ではなく、「なぜそのような違いが生じたのか」を考える。なぜAさんはその破片を選んだのか、Bさんはその破片をどのように捉えているのか。そこから新たにみえてくるものを大切にするのだ。

　ここから筆者は、対話を「テーマに関する思いや考えを深めあったり、新しい知恵を見つけたりするために行う話しあい」と定義している。あくまでも、深めたり、見つけたりすることが目的である。必ずしも「決める」ことが目的ではない。お互いに問いあい、語りあい、聴きあうなかで、共通点や差異に気づき、そのなかから新しいアイデアを紡ぎ出していく。そのような過程を重視した話しあいを、対話と呼ぶことにしたい。

（2）対話的な場のカギとなるのは何か

　それでは、どうすればより「対話」的な場をつくることができるのだろう

第4章　対話と熟議を育む　103

か。具体的な働きかけは、第3節〜第4節で詳しくみていくが、まずは基本的な考え方を確認しておこう。その際に参考にしたいのが、「熟議」という概念である。筆者は、この「熟議」という概念を視野に入れることで、私たちが実現したい話しあいの場のイメージを、より明確にすることができると考えている。

　あまり耳慣れない言葉かもしれないが、熟議（deliberation）とは、人々が自分とは異なる人々の意見（立場、経験、価値観）を考慮に入れ、各自が自らの意見の「理由」を問い直し、その妥当性を相互に吟味することで、一方的・強制的でないかたちでそれぞれの意見が変容していく過程のことである（田村 2017、田村他 2017）。

　イメージを明確にするために、これも語源に遡ってみよう。deliberation は、ラテン語の deliberatio に由来するのだが、de- は否定ではなく強意を表し、liberatio は librare（水平にする、秤にかける）から派生している。天秤の2つの皿に肯定と否定の理由を載せていき、どちらがより重いかを量るようなイメージである（瀧川 2014）。つまり、じっくりと考えること（consideration）が中心的な意味であり、それを個人で行う「熟慮」と、他者とともに行う「討議」の2つが重なりあって「熟議」となっているのだ（吉良 2007）。

　すなわち、「個々人が内省（reflect）的に熟慮すること」「それを他者との討議に反映（reflect）させること」「さらにそれを自らの内省（reflect）に反照（reflect）」させること」……というサイクルを繰り返すことが「熟議」である

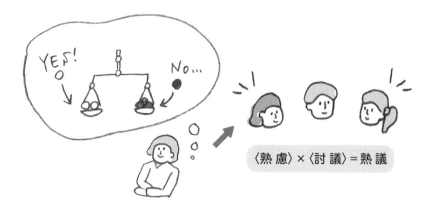

> **コラム 4-1　熟議民主主義**
>
> 　本章で確認したような「熟議」を重視する民主主義の考え方を**熟議民主主義**
> (deliberative democracy) という。熟議民主主義は、民主主義を「数の力」でも「利
> 益の調整」でもなく、「理由の検討」の過程として捉え直すものであるといわれる。
> 　政策を形成する過程において、熟議を中心に据えることのメリットは、大きく 2
> つ挙げることができる。1 つは、熟議を通じてより「正しい」（＝正当性のある）、
> そしてより「納得できる」（＝正統性のある）集合的決定がもたらされるというも
> のである。もう 1 つは、参加者が相互に他者の観点を摂取することで、それぞれ
> のパースペクティブをより不偏的なものにしていくことができるなど、「社会的学
> 習」の効果が得られるというものである（齋藤 2012）。

といえるだろう（尾内 2014）。自身の声に耳を傾け、他者の声に耳を傾ける。
そして、お互いに思いや考えが少しずつ変化していく。そう、話しあいとは、
実は「聴きあい」に他ならないのだ。

　このような相互作用、すなわち「個人を出発点にしつつ、個人だけではでき
ないことを、いかにして実現していくか」が、対話の場のデザインにおいては
問われるのである。

　なお、私たちが話しあいにおいて実現したいこのようなイメージを明確にす
るために、以降は「対話／熟議」という表記を用いることとする。

2 ▶ ワークショップとファシリテーション

　地域づくりの話しあいにおいては、以前から「ワークショップ」という手法
が用いられたり、そこに「ファシリテーター」が介在したりしてきた。しか
し、特定のワークショップ手法が独り歩きしたり、ファシリテーターと呼ばれ
る人が必ずしも「ファシリテーター的ではない」振る舞いをしていたり……と
いったケースも散見されるようになっている。ここで改めて、ワークショップ
とファシリテーションの基本を確認しておこう。

第 4 章　対話と熟議を育む　　105

(1) ワークショップとは何か

「ワークショップ」は、もともとは「モノをつくる場所」を指す言葉である。モノをつくる場所は、大きく2つに分けることができる。1つは「工場」（factory）だ。産業革命以降の工業社会で、工場において「同質なモノを、より多く、より速く」つくるために、その担い手として、「同質なヒトを、より多く、より速く」育てる必要性から、教室形式の学びが生まれた。「正解」を知っている人が、知らない人に対して「伝達」するという学び方である。

もう1つが「工房」（workshop）だ。職人たちが、それぞれの知恵を出しあいながら一点ものの製品をつくり上げていく。そのために必要となるのは、個別具体的な課題に対する「最適解」を、その都度「創造」する過程を通じて学ぶようなあり方である。

ここから、ワークショップという話しあいのスタイルが生まれた。ワークショップとは、「講義など一方的な知識伝達のスタイルではなく、参加者が自ら参加・体験して、共同で何かを学びあったり創り出したりする、学びと創造のスタイル」（中野 2001）だ。「講義など一方的な知識伝達のスタイル」ではないため、そこには先生はいない。「参加者が自ら参加・体験」するのだから、その場にいる人はお客さんでいることはできない。「共同で何かを学びあったり創り出したりする」のだから、あらかじめ「落としどころ」があるわけでもない。

ワークショップを考える際、最も重要なキーワードとなるのが「主体性」だ。当事者意識、あるいは「自分ごと感」といってもよいだろう。そこで話されていること、そこで考えること、そこで結論となること、そこで学ぶことが、「どうせ、自分とは関係のない、どこかの誰かのことだ」となってしまうのではなく、「そうか、他ならぬ自分自身にとって、大切なことなんだ」と、みんなが思える。それこそが、ワークショップの醍醐味である。

消費社会の進展に伴い、私たちは見事に

「サービスの受け手」としての振る舞いが習慣化してしまっている。これをいかに転換していくかを考えることなしに、ワークショップを、さらには地域づくりをデザインすることはできないのだ。

(2) ファシリテーションとは何か

そして、そのような「ワークショップ的な場」をつくる働きが「ファシリテーション」である。

ファシリテーション (facilitation) を直訳すると、「〜を支援する」「〜を促進する」という意味になる。特に「人と人との関わりを支援する、促進する」という文脈で用いられることが多く、例えば「集団による知的相互作用を促進する働き」などと定義される（堀 2004）。ここ数年は、ワークショップのみならず、会議やミーティングなどが円滑に進むよう、そして創造的な場になるように支援・促進する役割として、ファシリテーターという存在が注目を集めている。

ファシリテーター (facilitator) は、時に「助産師」にたとえられる。産むのはお母さん、生まれてくるのは赤ちゃん。助産師さんが代わりに産むわけではない。助産師の仕事は、お母さんがもともともっている「産む力」、赤ちゃんがもともともっている「生まれてくる力」を引き出し、育むことで、出産を支援・促進することである。

ファシリテーターも同じだ。ファシリテーターが地域づくりの「答え」をもっているわけではない。あくまでも、参加者一人ひとりがもっている「学ぶ力」を引き出し、相互の関わりあいを育むことで、「豊かな知恵が生まれてくる」ことを支援・促進するのがファシリテーターの役割である。

余談だが、ワークショップやファシリテーションについて語られる際に、時折「○○させる」という表現を耳にすることがある（付箋に書かせる、発表させる、など）。筆者はこれに対して、非常に大きな違和感を覚える。ファシリテーションは、あくまで「支援・促進」である。主役であるはずの参加者に対して「○○させる」という意識で接するなどということは、あり得ないはずである。それは、ワー

第4章　対話と熟議を育む　107

ショップにおいて（そして他ならぬ地域づくりにおいて）最も大切な「主体性」を削ぐことになってしまうであろう。

（3）ファシリテーターは何を扱うか

　ファシリテーターが深く理解しておく必要があるのが、「コンテンツとプロセス」という概念である。

　ファシリテーションとは、コンテンツを直接的に扱うのではなく、プロセスに意識を向け、プロセスに働きかけることである——といわれる（堀 2004他）。ここでいうコンテンツ（contents）とは、中身、すなわち参加者の口から出てくる個々の意見、アイデア、結論などのことだ。では、プロセス（process）とは何か。一言で表すと、「コンテンツ以外のすべて」である。最もわかりやすいのは、話しあいの「進め方」であろう。例えば「多世代交流イベント」について話しあう際に、「何をやるか」「いつやるか」「どこでやるか」などの論点に対する一つひとつの具体的な意見が「コンテンツ」であるのに対し、「どれくらいの時間をかけて、どのような手順で話しあえば、みんなが考えやすくなるのだろう」といった進め方を考えるのが、「プロセスに意識を向け、プロセスを扱う」ということである。

　ただし、「進め方」だけがプロセスではない。参加者の「口から出てくる」個々の意見がコンテンツであり、それ以外のすべてがプロセスであるということは、口から出る手前の部分、すなわち「感じ方」や「捉え方」もプロセスに含まれる。また、個々人の話しあいへの、あるいは参加者同士の「関わり方」もプロセスだし、何かを決める際にはその「決め方」もプロセスである。

　すなわち、「○○の仕方」というかたちで表せるものはすべてプロセスであり、ファシリテーターはその「○○の仕方」に意識を向けて、参加者が対話／熟議しやすい場をつくり、運んでいくのである。

　自分自身の意見に誘導したり、あるいは内容について助言したりといった振る舞いは、ファシリテーションではない。もちろん、地域づくりの一連の流れにおいては、強いリーダーシップや、的確なアドバイスが必要な局面もあるだろう。ただし、それはファシリテーターの役割ではない。ファシリテーターの

仕事は、第3〜4節で詳しくみるように、あくまでも対話／熟議の場をつくり、ホールドすることにあるのだ。

（4）誰がファシリテーターを担うか

　コンテンツではなくプロセスを扱い、「助産師」として関わるのがファシリテーターである——ということを確認してきたが、「そうなると、地域での話しあいでは、誰がファシリテーターを担うのがよいのだろう？」という疑問を感じている読者があるかもしれない。実は、これは大きな問題である。

　通常の話しあいでは、「会長」や「委員長」など、集まったメンバーのなかで最も地位・役職の高い人が進行役を担うことも多い。しかしその場合、話しあわれているテーマに対する関心や意識が高いため、どうしても自らの主張を展開してしまう（＝コンテンツに入ってしまう）ことがある。

　それを避けるために、外部から支援者や専門家を呼び、ファシリテーター役を担ってもらうこともある（コラム4-2参照）。その場合、参加者（地域の人々）は全員が100％コンテンツに集中することができる。確かに有効な方法ではあるが、その期間が長く続くことで、「主役」であるはずの地域の人々が外部の専門家に依存するようになっては本末転倒である。

　そこで筆者は、外部の専門家からファシリテーションの技術やその背後にある考え方を学びながら、徐々に地域のメンバーが持ち回りでファシリテーター役を担うかたちにシフトしていくことをお勧めしている。「自分の意見が唯一絶対の正解である」と思い込み、異なる声に耳を傾ける気がないような場合には、さすがにファシリテーター役を担うのは難しい。しかし、「自分にも意見はあるが、それはあくまでも1つの選択肢であり、みんなで話しあうことで、より豊かな世界が広がるはずだ」と思えるのであれば、誰でもファシリテーター役を担うことはできる。また、専門家と当事者の中間的な存在として、行政や社協の職員、NPOのメンバー、地域おこし協力隊員や集落支援員などが、トレーニングを受けてファシリテーター役を担うのもひとつのかたちである。その意味でも、第3〜4節で取り上げる具体的なファシリテーションの技術は、地域づくりの当事者、支援者ともに役立つものであるといえるだろう。

> **コラム 4-2** **コミュニティ・オーガナイザー、**
> **コミュニティ・デザイナー**
>
> ファシリテーターと同様に、地域に関わる存在として、上記のような言葉を耳に
> したことがある読者も多いだろう。
>
> コミュニティ・オーガナイザー（Community Organizer）とは、米国における人
> 種問題、都市問題の文脈において生まれた存在であり、地域住民が協力して共通の
> 利益のために行動する組織をつくっていく過程を援助する存在である。米国の第
> 44 代大統領バラク・オバマは、大学卒業後にコミュニティ・オーガナイザーとし
> て活動していたことが知られている。なお、コミュニティ・オーガナイザーは、地
> 域住民のリーダーではない。リーダーを育てるのがオーガナイザーである。
>
> コミュニティ・デザイナー（Community Designer）は、「人がつながる仕組みを
> つくる」（山崎 2012）ことで、コミュニティの創出や活性化を促し、そのことを通
> じて地域の課題解決につなげていく存在である。公共施設などのデザインにおける
> 住民参加の文脈で誕生した。地域の住民が主体的に話しあい、納得できる解決策を
> 探り当てることができるような場をつくるが、そのなかで自らの知識や経験、徹底
> した調査に基づくアイデアを「選択肢」として提示したり、参加者の意見をまとめ
> たプロジェクトを提案したりと、コンテンツに関わることも多い。
>
> 両者とも、ワークショップやファシリテーションの考え方をベースとして生まれ
> た「職能」である。したがって、いずれも地域においてワークショップを行い、そ
> こでファシリテーター役を担う。ただし、両者とも原則として当該地域の「外部」
> からやってくる「専門家」である。
>
> ファシリテーターも、同様に職能として捉えることもできるが（筆者はその一人
> である）、単に「役割」を示す場合もあるという点が、オーガナイザーやデザイ
> ナーと異なっている。先に確認したように、地域住民自身がファシリテーター役を
> 担うということは大いにあり得るのだ。

3 ▶ 対話／熟議の「準備」における働きかけ

それではいよいよ、対話／熟議の場をつくるための具体的な働きかけをみて
いこう。本節では、対話／熟議の前段階、すなわち「準備」の段階においてど

のようなことができるかを探っていく。そして次節では、対話／熟議の場そのもの、すなわち「進行」の段階における働きかけを探っていく。できるだけ「現場」に即したかたちで考えていくために、ここでは筆者自身がファシリテーターとして関わっている地域づくりの事例のなかから、茨城県ひたちなか市での取り組みを紹介しながら進めていきたい。まずは、どのような事例なのか、概要を記すところから始めよう。

（1）茨城県ひたちなか市での対話／熟議

　筆者が茨城県ひたちなか市でファシリテーターとしてお手伝いしているのは、「井戸端会議」と「まちづくり市民会議」（以下「市民会議」）という2つの対話／熟議の場である。

　「井戸端会議」は、ひたちなか市第3次総合計画（2016年7月）において「地域住民同士が身近な課題について気軽に話しあい、住民相互の交流の場ともなる地域福祉懇談会」であると定義されている。中学校区を単位として開催される、お茶やお菓子を囲みながらのゆるやかな話しあいの場であり、「みつばちカフェ」という愛称で親しまれている。

　一方の「市民会議」は、ひたちなか市自立と協働のまちづくり基本条例（2010年3月）によって定められた会議である。「まちづくりに関する課題や市の施策などについて、市民と市が自由に意見を交換するため」に開催するものであり（第23条）、市民と市の協働により運営され、そこで提案された意見は「関係機関と協議の上、施策への反映に努め」るものとされている（第24条）。井戸端会議同様、中学校区を単位に開催されている。

　筆者が2016〜17年度にファシリテーターを務めたのは、全8地区での井戸端会議（各年度につき各1回／計16回）と、1つの地区での市民会議（全8回）である。前者は、自治会、子ども会や高齢者クラブ、子育てサロンや高齢者サロン、ボランティア団体などからの有志と、案内を見た一般市民が、各会場とも25〜45名程度集まった。後者は、地域における高齢者福祉をテーマとしたもので、コミュニティ組織や学区内の各自治会の役員、高齢者サロンのメンバーといった地域の方々を中心に、市関連各課、地域包括支援センター、社会

第4章　対話と熟議を育む　　111

福祉協議会などの職員を交え、計約30名が継続して話しあう場となった。

(2) どのように方向づけるかを考える

どのような話しあいにおいても、事前準備は欠かせない。なかでも重要なのが、「オリエンテーション」と「空間のデザイン」の検討である。

オリエンテーションという言葉は誰もが耳にしているだろうが、その意味をきちんと把握しているだろうか？ 実は、「オリエント」や「オリエンタル」と同じ、「東」に関連する言葉である。ヨーロッパで古くから、教会を建てる際に祭壇が東側に位置するようにしていたことに由来するのであって、つまりは「方向づけ」という意味である。話しあいにおいても、どのような方向づけを行うかを事前に考え抜き、冒頭で参加者に提案する必要があるのだ。

筆者がよく用いるのは、D. シベットが考案した「OARR」によるオリエンテーションである（中野 2003）。OARRとは、Outcome（アウトカム：どのような状態をめざすのか）、Agenda（アジェンダ：どのような手順で進めるのか）、Role（ロール：誰が、どのような役割を担うのか）、Rule（ルール：どのようなことを意識したいのか）の頭文字を取ったもので、この4つの要素を明確にし、共有することによって方向づけが可能になるという考え方だ。ちなみにこのOARRは、ボートを漕ぐオール（oar）に掛けている。誰か1人のエンジンで進んでいくのではなく、参加者全員がオールを持って漕いでいく、そのような含意も有しているのである。オリ

エンテーションの有無こそが、対話／熟議を、とりとめのないおしゃべりで終わってしまったり、説得と反論の応酬になってしまったり……といった場にしないための、最初の大きな分岐点であるといえるだろう。

実際のオリエンテーションの例を見てみよう。図4-1は、ある地区の井戸端会議において提案したOARRである。Outcome

として、会議が終わったときにみんなで得たい「状態」を示している。Agenda は、大きく 4 つのステップで進んでいくことを表しており、Role では、その部屋にいるすべての人には役割があることを伝えている（ちなみに「かえるくん」とは、筆者のニックネームである）。そして Rule として、話すことと聴くことのバランスをとるよう呼びかけている。このような OARR を、事前に主催者と綿密に打ち合わせをして明確にし、冒頭

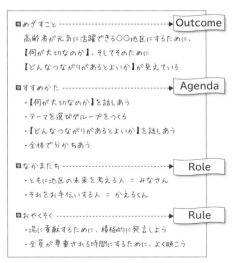

図 4-1　井戸端会議の OARR

で参加者に提案・共有するとともに、常に見えるように掲示しておく。それにより、しっかりと方向づけを行うのだ。

(3) 空間のデザインを工夫する

　次に考えたいのが「空間のデザイン」である。空間のデザインとは、物理的な場をどのように使うかということであり、大きく「フォーメーション」と「グループサイズ」に分けることができる。

　フォーメーションとは、机や椅子をどのように配置するか、ということに他ならない。つまらないことのようだが、対話／熟議に大きな影響を与える。

　協議会や審議会といった堅苦しい会議でよくみられるような、真ん中に大きな空白地帯ができてしまう「ロの字形」は、対話／熟議の場にはあまりふさわしくないだろう。距離感が生じるし、横並びの人が増えることでお互いの顔が見えにくくなる。だからといって正解の形があるわけではなく、重要なのは「工夫する」ということである。「いま部屋がこうなっているから」と、場に自分たちを合わせるのではなく、自分たちに場を合わせること、つまり「動かせるものは動かす、その一手間を惜しまない」ことが大切なのだ。

そしてグループサイズとは、話しあう人数である。最初から最後まで、常に「全員で」話しあわなければならないというのは、単なる思い込みである。「意見が出ない」とか「特定の人に発言が偏る」という悩みをよく耳にするが、いずれも原因は「人数が多い」ことにある。よって、この思い込みを打破すれば、すなわち「近くの3人で5分程度」とか「5人ずつのグループに分かれて15分程度」などのように、途中で少人数で話す時間を設ければ、それらの悩みは解消するのだ。

　なお、グループサイズには「1人」も含まれる。1人で考える時間を取る、1人で書き出す時間を取る。これも立派な「グループサイズの変更」である。「熟慮と討議のリフレクション・サイクル」（第1節（2）参照）を回すためにも、休憩も含めた「1人の時間」は大きな意味をもつ。

　写真4-2は、同一回の市民会議において撮影されたものである。①冒頭のオリエンテーションでは、スクリーンが見やすいように扇形となっている。②前半のグループワークは3～4人が椅子だけで集まり、③後半のグループワーク

写真4-2　市民会議での空間のデザイン

は島形に配置された机を5〜6人が囲んでいる。④そして最後は再び机を撤去して、全員で大きな輪をつくってチェックアウト（後述）を行っている。このように、空間のデザインはどんどん変えていくことができる。そのためにも、あらかじめ会場をチェックしておくことが重要だ。

4 ▶ 対話／熟議の「進行」における働きかけ

準備が整ったら、いよいよ対話／熟議のスタートだ。本節では、対話／熟議の場を充実したものとするために、「進行」の段階においてどのような働きかけがあるとよいのか、ともに考えていきたい。

(1) 一人一言で始まり、一人一言で終わる

簡単にできて効果が大きいのが、チェックイン／チェックアウトだ。最初と最後に、お互いに声を聴きあう短い時間をとるということである。チェックインは近況や今の気持ち、話しあいへの期待などが、チェックアウトは話しあいの感想や次回への思いなどが「お題」となり得る。

チェックインは、自己紹介とは似て非なるものである。自己紹介となると、どうしても所属や立場などの「肩書き」が前面に出てしまう。また、初対面の人がいない場で自己紹介をするのは滑稽だろう。しかしチェックインは、あくまでも名前に加えて一言だけ、「ちょっと緊張しています」とか「いろいろな意見が聴けることを楽しみに来ました」といったそれぞれの思いを伝えあう時間である。同じメンバーで回数を重ねているような話しあいであっても、毎回行うことができる。

チェックインは、ファシリテーターにとっても大きな意味をもつ。参加者がどのような状態にあり、何を期待しているのかが把握できるからである。それに合わせて内容や進め方をアレンジすることで、より「参加者が主役」の場にすることができるだろう。

チェックインで始まった対話／熟議は、チェックアウトで終わる。改めて名前と感想などを一言ずつ伝えあうことで、お互いに充実感を得ることができ、

第4章　対話と熟議を育む　115

学びが豊かなものとなるのだ。

(2) 2つの「見える化」で問いをホールドする

　対話/熟議は、あくまでも特定のテーマ（問い）に沿って行われるものである。しかし、気がつくとテーマからズレていたり、お互いに話が噛みあわなかったり……という現象に悩まされるのが常だ。なぜ私たちの話しあいは、ズレたり噛みあわなかったりするのだろう。理由は至ってシンプルで、「言葉というものが、口から出た瞬間に消えてしまうから」である。一瞬で消えてしまうものを、ズレないようにしたり、噛みあうようにしたりするのは、至難の業である。ではどうするか。対応策もシンプル、「消えないようにする」だけである。ビジュアライズ（可視化・見える化）によって、テーマへの集中や、相互の理解を促すことができるのだ。

　具体的には、2つのビジュアライズがある。1つは、「何を話しあうのか」というテーマ（問い）の見える化である。筆者はこれを「紙芝居」と呼んでいるが、要はみんなに見えるように大きく紙に書いて張り出したり、プロジェクタで投影したりするだけである。小グループに分かれて話しあう際には、上記に加えて、問いを記したA4サイズの紙を各グループに配り、テーブルの真ん中に置いて話しあうようにしてもらうこともある。

　もう1つは、「どう話しあわれているのか」、つまり、一人ひとりの発言の見える化である（これは「落書き」と呼んでいる）。**写真4-3**のように、テーブルにA3サイズの白紙や模造紙を広げ、思いや考えを水性マーカーでどんどん書いていってもらう。

　ここで重要なのは、話しあった「結果」を「記録」としてまとめるのではない、ということである。記録は、話しあった「後」に必要となるものであるが、ここではあくまでも「見える化」が目的

写真4-3　井戸端会議での「見える化」

116

であり、それは話しあいの「最中」で必要となるのだ。書きながら、そしてそれを見ながら話しあうからこそ、話が噛みあうのである。

なお「見える化」は、文字だけとは限らない。例えば市民会議では、地域での高齢者福祉体制を充実させるために、サロン立ち上げ支援や出張サロンの実施、ボランティア派遣や身近な生活支援、それらの事業の核となる地域福祉コーディネーターの配置といった施策を実施しようということになり、それらの具体的な実施体制を検討

写真 4-4　市民会議での「見える化」

することになった。しかし、どこに事務局を置き、どこにコーディネーターを配置し、どこがどのように連携すれば最も効果的な体制となるのか、アクターが多すぎて話が空中戦になってしまう。そこで、建物や人物のイラスト、アクターの名称、矢印などを印刷した紙を個々に厚紙に貼ったキットをつくり、それらをパズルのように動かしたり組みあわせたりしながら話しあえるようにした（**写真4-4**）。このような工夫も、時には必要であろう。

(3) 小グループで集約し、投票を通じて傾向をみる

筆者の経験に基づくと、一定数の人が、ワークショップにおける「作品づくり」と「発表」によいイメージをもっていない。模造紙が用意してあるのを見ただけで表情が暗くなる人もいるくらいだ。そのため筆者は、オリエンテーションと併せて「今日は、作品づくりや発表はありません。模造紙は落書き用です」とアナウンスすることが多い。毎回のようにチェックインで「安心した」という声を耳にするのは、それだけ「やらされ感」をもっている人が多いのだろう。

しかしそうなると、「どうやって意見を集約したり、共有したりするのか」という疑問が湧いてくるであろう。1つの例として、著者が井戸端会議で用い

第4章　対話と熟議を育む　　117

た方法を以下に示す（会議の流れは**図4-1**も参照のこと）。

①ステップ1：小グループでテーマを集約する

まずは、「高齢者が元気に活躍できる○○地区にするために大切だと思うこと」を小グループ（受付でトランプを1枚取ってもらい、同じ数字の4人でグループになっている）で話しあう時間だ。まずは30分程度、自由に話しあいながら、「子どもと高齢者がふれあう場と機会があること」などのかたちで（ニュアンスが伝わるよう、単語ではなく短文で）、A4の白紙1枚に1つずつ、太く・大きく書き出していってもらう。その上で、改めて10分程度時間をとり、「特に大切だと思うもの」を、グループで3枚程度選んでもらう。そして、選ばれた紙をすべて張り出し、休憩を兼ねてじっくり眺める時間をとる。

②ステップ2：興味・関心に応じて新しいグループをつくる

次に、張り出された「大切なこと」のなかから、「これについてもっと話したい」というテーマを1つ選び、ご自分の名前を記した付箋紙を貼ってもらう。同じテーマを選んだ人（おおむね3〜5人）同士で新しいグループをつくるのだ。

③ステップ3：グループでテーマに対するアイデアを集約する

グループができたら、まずは10分程度、「なぜそのテーマを選んだのか」を聴きあう時間をとる。その上で、「『大切なこと』を実現するためには、どのような人や団体が、どのようにつながればよいのか」を考える。30分程度、自由に話しあいながら、「学校とボランティアセンターが協力して、学校給食をみんなで食べる機会をつくる」などのかたちで、A5の白紙1枚に1つずつ、どんどん書き出していってもらう。そしてステップ1と同様に、改めて10分程度時間をとり、「これは！」というアイデアを3〜5枚程度選んでもらう。

④ステップ4：投票を通じて傾向をみる

その上で、全員に丸シールを6片ずつ配り、自由にテーブルを回って眺めながら、自分なりの基準で投票をしてもらう（1位のアイデアに3片、2位に2片、3位に1片を貼る）。最後に、投票数が多かったアイデアを10個程度張り出し、それを眺めながら全員で自由に意見を述べあう時間をとる。以上が、全体の大きな流れだ。

この一連の流れのポイントとしては、以下のような点が挙げられるだろう。

写真 4-5　井戸端会議での投票の様子

a) アイデアをどんどん書き出す時間と、それを評価・判断する時間を明確に分けること
b) 全員の意見が反映されるよう、選び出すのは必ず複数枚とすること
c) 自らの興味・関心に応じて、話しあいのテーマを選べるようにすること
d) 受け身の時間が多くなる「発表方式」ではなく、自ら足を運ぶ「掲示板方式」や「回遊方式」によってアイデアを共有すること
e) より幅広く思いをすくい上げることができるよう、重みづけをしながら複数のアイデアに投票できるようにすること
f) 投票は「多数による決定」のためではなく、あくまでもさらなる対話／熟議のための「傾向の測定」として用いること

もとより井戸端会議は「地域福祉懇談会」であり、1つの結論を導き出す必要があるわけではない。そのため1回の投票で終わっているが、市民会議のように具体的な施策を検討する必要があるような場合には、投票結果を見ながらさらに対話／熟議を重ね、さらに練り上げたアイデアに対する投票を行い……というプロセスを繰り返していくことで、徐々に合意を形成していくことも可能である。

> **コラム 4-3　プログラム・デザインとタイムキープ**
>
> 　上記のようなワークショップの一連の流れを組み立てることをプログラム・デザインという。ここで紹介したのはあくまでも一例であり、同じ井戸端会議でも年度によって、また市民会議は各回それぞれまったく異なるプログラムで実施していることは言うまでもない。プログラムを左右するのはアウトカム（第3節（2）参照）である。アウトカム（と持ち時間）に応じて、どのようなアクティビティ（個々の活動）をどのように組みあわせるかを考えることになる。
>
> 　ただし、対話／熟議の場合は、それほど凝ったプログラム・デザインが必要となるわけではない。また、プログラムはあくまでも「このような手順で考えていきたい」という見取り図であり、状況に応じて変更していく柔軟性も重要となる。進め方で困ったときは、「どうしましょうか？」と参加者に訊ねればよいのだ。
>
> 　とはいえ、終了時間は厳守を心がけたい。それぞれ仕事や家事、育児や介護など、様々な都合をやりくりして集っているのである。窮屈にならないように意識しながらも、アクティビティごとに目安の時間を示したり、適度に残り時間を告げたりするなどの方法で、タイムキープを心がける必要がある。

5 ▶ さらなる対話／熟議に向けて

　以上、対話／熟議における具体的なファシリテーションの技術をみてきた。もちろんこれ以外にも様々な工夫が可能であるが、その紹介は別の機会に譲りたい（章末のブックガイドも参照されたい）。ここでは最後に、対話／熟議の場をつくり、育む際に、筆者自身が最も大切だと考え、常に心がけていることを記して、再び現場へと帰っていくことにしよう。

（1）場に参加できるのはごく一部の人々であることを忘れない

　どれだけ広く呼びかけても、地域の全員が対話／熟議の場に参加できるわけではない。子育てや介護、病気や障碍など、思いはあっても様々な理由で参加できないという人がたくさんいるはずである。ファシリテーターは、そのような「その場にいない人の声」にも耳を澄まし、可能な限り対話／熟議の場にす

くい上げていく必要がある。

　例えば、参加している人々に対して「近所にいる人の顔を思い浮かべたとき
に、何か違う考え方はできますか？」などと、視座を変えるような問いを投げ
かけるだけでも違ってくるはずである。また、井戸端会議において「地域の人
や団体のつながり」を考える際には、事務局の協力を得て、地域においてどの
ような団体があり、それぞれどのような活動をしているのかを見える化した
「地域の団体・活動一覧」を作成し、参加者に参照していただいた。その効果
か、会議終了後に参加者の有志が自発的に（会議に参加していなかった）様々
な団体に声をかけ、三世代交流イベントを実現した地区も生まれている。

　このような小さな働きかけの積み重ねこそが、「対話を重ねる仲間をつくり
直すこと」につながっていくのだ。

(2)「差異は資源である」と考え、違いに耳を傾けあう

　他者と思いや考えが完全に重なりあうということはあり得ない。180度違う
ということも多くないだろうが、それでも通常、それぞれ微妙な角度の違いが
あるはずだ。そのような違いがあるからこそ、対話／熟議には意味があるので
ある。同じアイデアをなぞるだけでは、「テーマに関する思いや考えを深め
あったり、新しい知恵を見つけたりする」ことはできない。「異なり」から
「豊かさ」を育むのが対話／熟議なのだ。

　だから、対立を恐れる必要はない。むしろ「豊かな話しあいの条件が整っ
た」と考えるべきなのだ。よく「批判厳禁」というが、禁じたいのは否定や拒
絶、非難や攻撃である。「批判（critique）」は必ずしもこれらとイコールではな
く、「吟味する」という意味も有している。熟議の定義に「吟味」という語が
含まれていたことを思い出そう（第1節（2）参照）。否定や非難は対話／熟議
への道を閉ざすが、逆に何もかも無批判に「受け容れる」ことも同じ結果をも
たらす。重要なのは、あくまでも一度しっかりと「受け止める」ことであり、
その上で相互に吟味・応答することで、はじめて対話／熟議が成立するのだ
（余談だが、ブレイン・ストーミングのルールとしてよくいわれる「批判厳禁」
は、Defer judgment あるいは Withhold criticism の訳である。ニュアンスとして

第4章　対話と熟議を育む　　121

は、評価・判断を保留する、先送りするということであり、いわば「アクセルと同時にブレーキを踏まないようにしよう」という呼びかけである。先に紹介した井戸端会議において「アイデアをどんどん書き出す時間と、それを評価・判断する時間を明確に分ける」ようにしたのは、この考え方に立脚している）。

「批判」という言葉で思い出すのは、先に紹介した市民会議の初回である。過去の経緯とか、地区や立場の違いといったものを背景に、冒頭からそもそもの「土俵の設定」に対する異論が相次いだ。しかしそれは、決して拒絶や攻撃ではなかった。とはいえ、多くの参加者はどちらかというと遠巻きに（心配そうに）推移を見守っている。そこで筆者は、「いやぁ、いいですねぇ。今日は紛糾すればするほどいいと思っていますので、どんどんいきましょう」と声をかけた。実は、あまり深く考えて発した言葉ではなかったのだが、異論や反論の中心にいる人々にとっても、他の参加者にとっても、安心感に似た何かがもたらされたのだろう。ちょっと笑いがおきて、その後グループサイズを小さくし、再び全体に戻ったときには、ガラッと雰囲気が変わり、「そのズレを活かしつつ、プロジェクトを建設的な方向に推し進める」ような意見がたくさん挙げられるようになったのだ。

対話／熟議においては、差異は資源である。意見が異なっても、あわてる必要はない。自分たちの地域を悪くしたいと思っている人はいないのだ。お互いに「なぜ、そう考えるのか」を丁寧に聴きあうこと、違いに耳を傾けあうこと。そう、これもまた、「仲間のつくり直し」へとつながる確かな道に違いない。

▶ ブックガイド ◀

● 『ワークショップ──住民主体のまちづくりへの方法論』（木下勇、学芸出版社、2007 年）
形だけのワークショップに警鐘を鳴らした歴史的名著。ワークショップの理論、歴史、実践を詳述しており、ファシリテーターとしては常に立ち返りたい一冊。

● 『ファシリテーション　わたしたちにできること』（特定非営利活動法人日本ファシリテーション協会災害復興支援室編、2016 年。web サイトからダウンロード可能。https://www.faj.or.jp/activity/support/reconstruction/）「話しあいの支援を通じて復興を支援する」NPO の 4 年間の取り組みを、ルポルタージュ形式で紹介。

●『ファシリテーション──**実践から学ぶスキルとこころ**』（中野民夫・森雅浩・鈴木まり子・冨岡武・大枝奈美、岩波書店、2009年）プロフェッショナルとして活躍するファシリテーターの実践例をベースに、具体的なやり方（doing）だけでなく、あり方（being）をも伝えてくれる好著。

引用・参考文献

延藤安弘（2013）『まち再生の術語集』岩波新書

尾内隆之（2014）「熟議民主主義」本田宏・堀江孝司編著『脱原発の比較政治学』法政大学出版局

北川達夫・平田オリザ（2008）『ニッポンには対話がない──学びとコミュニケーションの再生』三省堂

吉良貴之（2007）「Deliberative democracy における deliberation の意味─特に訳語について」http://jj57010.web.fc2.com/writings/20070822.html（2016年8月22日閲覧）

齋藤純一（2012）「デモクラシーにおける理性と感情」齋藤純一・田村哲樹編著『アクセスデモクラシー論』日本経済評論社

瀧川裕英（2014）「責任プロセスにおける立法者──選挙・熟議・説明責任」井田良・松原芳博編『立法実践の変革』ナカニシヤ出版

田村哲樹（2017）「熟議民主主義論──熟議の場としての市民社会」坂本治也編『市民社会論──理論と実証の最前線』法律文化社

田村哲樹・松元雅和・乙部延剛・山崎望（2017）『ここから始める政治理論』有斐閣

暉峻淑子（2017）『対話する社会へ』岩波新書

徳田太郎（2013）『ファシリテーションが会議・組織・社会を変える』茨城 NPO センター・コモンズ

徳田太郎（2015）『「学びあいの場」のつくりかた』つくば市民大学

中野民夫（2001）『ワークショップ──新しい学びと創造の場』岩波新書

中野民夫（2003）『ファシリテーション革命──参加型の場づくりの技法』岩波アクティブ新書

中野民夫・堀公俊（2009）『対話する力──ファシリテーター23の問い』日本経済新聞出版社

堀公俊（2004）『ファシリテーション入門』日経文庫

堀公俊（2008）『ワークショップ入門』日経文庫

山浦晴男（2015）『地域再生入門──寄りあいワークショップの力』ちくま新書

山崎亮（2012）『コミュニティデザインの時代──自分たちで「まち」をつくる』中公新書

もっと知りたい！Q&A
④ 対話の場づくり

エイジ：今の生活はとても充実しているけど、職場も地域ももっと良くなるはず。会議のやり方が変わるだけでも、良いアイデアや仲間ができるはずだ。第4章にはいろんなヒントが詰まっていたな。でも……。

Q1：会議のやり方を変えるには？

今の職場や自治会は旧態然としていて何とかしたいんだけど……。実際に会議のやり方を変えるのはなかなか難しいんだよな。上の人に嫌な顔されずに、今の方法を変えるやり方はないだろうか？

回答：確かに「新しいこと」に抵抗を示す人は多いよね。だから、あまり「がんばって変えよう」と思わないほうがいいかもしれない。特に、正式な、あるいは規模の大きい話しあいで、いきなり違うやり方を持ち込むのは、避けたほうがいいかもしれないな。まずは、身近な人との、ちょっとした打ちあわせや話しあいで試してみて、効果を実感してもらう。そうやって少しずつ仲間を増やしていけば、会議でもやりやすくなっていくと思うよ。

Q2：字が下手だとファシリテーターはできない？

最近、ファシリテーション・グラフィックという言葉を聞く。「対話を見える化する」ってことかなと思うけど、僕はそんなスキルはないし、そもそも字も下手で絵を描くのも苦手。僕のような人はファシリテーターには向いてないんだろうか？

回答：基本は、「愚直に書く」ということだと思うな。上手いか下手かよりも、書くか書かないかの差のほうが大きいからね。それに、どんなに上手に書けていても、それが話しあいを「支援・促進」していなかったら意味がないし。まずは、しっかり「聴く」こと。そして、「みんなに見えるように」書いていくこと。どうしても難しかったら、進行役と書記役を手分けしてもいいし、みんなに書いてもらってもいい。何もかも一人でやる必要はないと思うよ。

Q3：熟慮の力を鍛えるには？

　対話的な場では「熟議」という考え方がポイントになるってことだった。そして熟議は、個人で行う「熟慮」と、他者とともに行う「討議」が合わさった言葉だということだった。深い話！　熟慮という視点は、多様な価値観が混在するこれからの社会で重要だ。熟慮の力を鍛えるにはどうすればよいだろう？

　回答：一人で考えるにしても、他の人と話しあいながら考えるにしても、大切なのは、「問い」を立てること、その「問い」を持ち続けることだと思うな。だから、エイジが「どうすれば良い？」という問いを抱いたというのは、すでに「鍛える」ための一歩を踏み出しているということだ。あとは、ものの見方を変えてみること。たとえば「5年後、熟慮の力が高まっているとしたら、僕は5年間、どんなことをしたのだろう？」とかね。楽しみながら、力を育んでいこう！

「対話の場づくり」のポイントは……
・身近な人とのちょっとした会話を大切に
・地道な作業を大切に、役割分担しながら
・問いを立て、その問いを持ち続けること
・ものの見方を変えてみること

第5章

組織のかたちをつくる

石井大一朗
（宇都宮大学地域デザイン科学部 准教授）

　地域づくりの主役は、行政ではなく、民間企業でもなく、そこに住む地域の人にほかならない。子どもの居場所をつくりたい、防災対策を講じたい、毎日の生活を身近なところでもっと楽しみたい。どうすればよいだろうか。

　1人で見る夢は夢に終わるけれど、3人いれば始められる。

　5人集まれば何でもできる。

これが、本章のメッセージである。では、"私"を活かして仲間をつくり、身近な地域づくりを進めるには、どんな方法があるだろうか。

　近隣の人、あるいは興味関心が共通する人同士がつながり、グループをつくったりしながら進める方法、NPOなど法人化する方法、自治会や行政区など既存の組織を頼ったり、組織自体を活性化する方法もある。人口減少が続き、地域の担い手が活力を失いつつあるなかで地域づくりのカギになるのが、そこに暮らす人・働く人たちの新たな仲間づくりや組織づくりである。1998年のNPO法施行以降、地域づくりの担い手や組織のかたちは多様化しつつある。地域づくりの担い手や組織の概要を把握しつつ、どのような仲間や組織をつくり、あるいは既存の組織をつくり直して地域づくりを実現していくのか、事例を通して実践方法を学ぼう。

1 ▶ つぶやきを育む地域づくり

「趣味の音楽や手芸の仲間をつくりたい」
「趣味の音楽や手芸のスキルを活かしてまちに貢献したい」
「音楽や手芸だけでなく、他の趣味の人も一緒に楽しむイベントをしたい」
どれも地域づくりである。

地域づくりは、その地域に住む一人ひとりが、食うに困らず、自らの居場所や役割があり、そして自己実現を図る（コラム5-1）ことのできる状態をつくり出すことがゴールのひとつだろう。そこに多彩な選択肢があればなおいい。また、自己実現の先に、自分のことだけでなく、他の人の幸せをも実現するべく、現状の制度を変える運動をしたり、活動グループをつくって他の人を支える人たちもいる。

図5-1を見てみよう。一人のつぶやきが地域づくりへと発展していく流れを、既存の組織への参加や新たな組織づくりという視点で示したものである。序章で地域づくりとは主体形成であると述べてきたが、その具体的な姿を示すものである。本章では、特に、自治会など"既存の地域づくりへ参加すること"、NPOや株式会社などの"団体や組織をつくること"に着目し、自治会やNPO、趣味・サークル団体等の活動内容や各組織の特徴、団体・組織をつくる際、また運営していく際の留意点などを整理する。

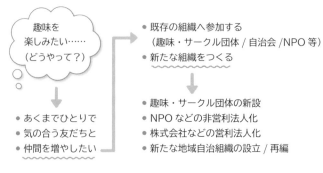

図5-1　つぶやきを地域づくりへ

```
コラム 5-1    人間の欲求
```

アメリカの心理学者 A. マズローは、「人間は自己実現に向かって絶えず成長する」
と仮定し、人間の欲求を 5 段階の階層で理論化した（欲求段階説）。ピラミッド状
の階層を成す人間の基本的欲求を、低次の欲求（下）から並べる。

　　①生理的欲求（Physiological needs）→②安全欲求（Safety needs）→③社
　会的欲求 / 所属と愛の欲求（Social needs / Love and belonging）→④承認（尊
　重）の欲求（Esteem）→⑤自己実現の欲求（Self-actualization）

　この説は、階層の低次の欲求が満たされた場合のみ、より高次の欲求へ段階的に
移行すると仮定されているのが特徴である。つまり、①生理的欲求が満たされない
場合には、②安全欲求も③社会的欲求も生じないとされている。例えば、食べるこ
と、寝ることができてはじめて、私たちは健康を維持することができる。それが満
たされると、経済的安定性や、災害や犯罪などのリスクがより少ない環境を得よう
とする。さらにこれらが満たされると、より高次の欲求へ向かうというものである。
マーケティングの分野では、心理学や動機づけの理論を発展させたものとしてよく
受容されているものであるが、地域づくりの分野においても、ニーズの充足をわか
りやすく把握する方法として用いられる。

　一方、現代の地域社会をみてみると、スーパーの撤退やバス便の廃止により食材
が買えない、高齢化により料理ができない、不安で眠れない、といった生理的欲求
を充足できない状況、また一人暮らし高齢者の見守りや減災対策などの安全欲求の
増加など、これまで満たされていたニーズが満たされなくなる状況が生じている。
こうした新たな低次の欲求にどのように対応していくのかが、現代の地域問題にな
りつつあると考えられる。

2 ▶ 地域づくり組織とその特徴

　本章の冒頭で述べたように、地域づくりの組織を「一人ひとりの、○○した
い」の実現を支えるものと捉えると、その種類や形態は多様だ。**図 5-2** に挙げ
るようなものがある。本章では、代表的な(1)趣味・サークル団体、(2)自治会、
(3)NPO 等の法人に着目し、これら 3 種類のグループ・組織が生まれる背景や組
織の特徴を整理していく。

第 5 章　組織のかたちをつくる　129

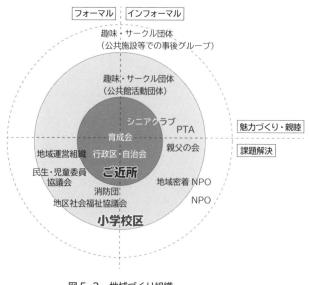

図 5-2　地域づくり組織

（1）趣味・サークル団体

　「身近な地域で、しかも好きなことから始まってつながりを増やせたら……」。地域づくりは、こうした一人ひとりの関心がつながるところから始まるといっていい。そのつながりのひとつが、趣味・サークル活動である。趣味・サークル団体は、身近な地域でどのように生まれるのだろうか。①SNSや口コミを通して、趣味・特技をもつ人が集い、交流したり学習したりする。②地域の公共施設（公民館等）が開催する講座に参加して、講座後も継続した活動をしたい人がグループとなる。③子育てサークルのように、困りごとをもつ当事者同士が集まり困りごとを分かちあったり解決するためのグループをつくる。これら3つが主なものである。

1）居場所発のつながり

　子どもを通した付きあい、学校の同級生、ご近所で散歩をしていると見かける人など、私たちの身近なところにつながりの元はたくさんある。ただ、共通の関心事を知る機会はあまりない。［顔を知っている］→［あいさつをする］ま

でにはなれても、この先のハードルが高い。もし、何分か話す機会があれば、関心事を知ることができ、つながりは増え、気の合う仲間との活動がはじまるかもしれない。そうした機会を生む場所の一つが、コミュニティカフェである。

その多くは、利用者が徒歩や自転車で行けるところにあって、地元の

写真 5-1 港南台タウンカフェの様子

人が運営している。コーヒーを飲みながら、店内のハンドメイド品を見ながら……時間を過ごす。同じような人が何人かいれば、通ううちに声を掛けあうこともあるだろう。また、カフェのオーナーや常連客などによる企画を実施していることも多く、地域の様々なイベント情報も集まる。

こうしたカフェの先発事例として、横浜市郊外にある港南台タウンカフェ（写真 5-1）では、消しゴムはんこ教室やパッチワーク教室、カフェのお客さんが企画し地域の企業も巻き込んだキャンドルナイト・イベントなど、様々な活動を通して多様な仲間が生まれている。目的があって集い生まれる仲間ではなく、まず居場所があってつながり、生まれる仲間である。

2）講座発の事後グループ

生涯学習講座を提供する地域の公共施設（小学校区や中学校区のエリアに1ヵ所程度設置されている公民館やコミュニティセンターなど）から生まれるグループがある。例えば、公民館が主催する生涯学習講座で知りあった人たちが、公民館職員のコーディネートなどのもと、講座後にグループ化し継続して活動することがある。これを公民館等では事後グループと呼び、事後グループを担い手側（主催者側）に位置づけて公民館事業を展開することも少なくない（例：地域の歴史を学ぶ会、太極拳やヨガのサークル、料理教室、自然観察会など）。公民館の講座には講師がつくことも多く、専門的な知識や、高い技術を得たいというニーズにも応えている。また、本節（2）で後述する「自治会」を母体とする、婦人会、育成会、老人会、自治会内の組織（環境美化、防犯）などで知りあっ

第 5 章　組織のかたちをつくる　131

た仲間がグループ化するもの（例：園芸サークル、カラオケサークル、グランド
ゴルフなど）もある。

3）困りごと発のサークル

　乳幼児をもつ親と子のサロン、介護者の集い、認知症の当事者の会などがわかりやすい。身近な地域で同じ困りごとをもつ人は少なくない。ともに悩みを分かちあい、他の人の経験を聞くことで、自分なりの解決方法を見つけることができるかもしれない。話を聞いてもらうだけで気持ちが落ち着き、安らかな自分を取り戻すこともできるかもしれない。子育てや介護を通して生まれる問題は、家庭内で抱えがちとなる。大家族での暮らしや近隣と多様なつながりがあった時代には解決できたかもしれないが、世帯分離が進み、家族の小規模化、またパーソナルなネットワークを基盤とするライフスタイルの進展により、近隣とのつながりは益々希薄化している。行政もこうした現実を受け止め、子育てや介護に関する講座を開いたり、検診の機会に同じ悩みをもつ人の交流を促して連絡先を交換しあうなどし、交流が始まる場合もある。最近では、行政が自治会、NPOと連携して、こうした個人や家族のケアに関する事業を行う例も増えてきている。

コラム 5-2　こんな運営方法も！：世話人会方式のメリット

　もう一つ注意してみておきたいのが、サークル団体の運営である。団体や活動のメンバーに加わることの煩わしさといえば、役員を担うことや運営を担うことだろう。そうした課題を軽減する方法がいくつかある。運営に関しては、立ち上げメンバー全員で世話人会をつくり、全員で運営するという方法がお勧めである。開催するたびに、幹事役を回していくのである。幹事役を担うのが年に数回であれば負担感も少ない。また、半年もすれば誰が会の運営が得意な人かがわかり、うまく役割分担されていく。そしてこの人となら運営を担ってもいいな、会計くらいならやろうかと、コアになるメンバーが自然に揃うことも少なくない。

| コラム 5-3 | 複数のコミュニティへの所属と健康度 |

65 歳以上の高齢者約 20 万人を対象に追跡調査をしている調査研究プロジェクト JAGES（日本老年学的評価研究）*によれば、自治会、老人会、ゴルフなどのスポーツ組織、趣味の会など多くのコミュニティに属する人ほど、要介護になりにくく、長生きするという事実が示されている。さらに、そうしたコミュニティへの参加を通してもたらされる「つながり」こそが重要のようだ。ゴルフや趣味の会であっても、一人で黙々と練習したり制作するのではなく、仲間と交流のある活動をした方が健康上効果があることが示されている。

また同研究では、"コミュニティには責任ある立場で属した方が長生きする"という驚愕の研究結果もある。皆さんが想像するのはおそらく逆だろう。責任のある立場に立つとストレスを抱え、健康上もよくないのではないかと考えるのが普通ではないか。逆である。関わるコミュニティやそこで得られるつながりが、健康状態によい働きをもたらすのかもしれない。

＊JAGES「介護予防を推進する地域づくりを戦略的に進めるための研究」（研究代表 近藤克則）
https://www.jages.net/kenkyuseika/reports/

（2）自治会

1）なぜ、あるのか：自治機能という観点から

地域社会は、地域的なまとまりの中で、そこに暮らす人すべてを包摂することを目標とする社会でありたい。地域的まとまりの中で、多くの人に関係し、解決すべき問題や実現したい状態があれば、そこには自治機能が必要になる。そして自ずと、その機能を持続的なものにする主体が必要となる。

アメリカの社会学者 M. クレンソンが紹介するこんな事例がある。アメリカのボルチモア市でゴミ収集労働者のストライキがあった。まちがゴミだらけになろうというなか、地区によってはそうならず、衛生状態が保たれていたことを観察し、近隣社会のもつ自治機能に着目したのである。

そうした機能を担う代表的なものに自治会がある（コラム 5-4 を参照）。現代において自治会は、担い手不足や加入率の低下、事業内容の変化など課題を抱

第 5 章　組織のかたちをつくる　　133

え、個人主義が広がるなか、半強制的な運営手法が時代に合わないなどの批判もある。一方で、自治会やそれに代わる地域運営組織（第3節で後述）の必要性を改めて実感する事例も少なくない。また地域のニーズを捉え、新たな運営手法を取り入れる自治会も生まれつつある。現代の自治会のもつ自治機能の面から、その必要性を改めて捉えてみたい。

2）自治機能の種類

より多くの人が実感する身近なものから挙げてみよう。

① **環境美化機能**：街路灯の取り替え、ゴミステーションの管理、地区の清掃、集会施設管理などがある。特にゴミの管理は毎日の問題であり、誰かがやらなければならない。環境悪化が犯罪率上昇につながるという研究もある（アメリカの犯罪学者ジョージ・ケリング）。自治会が果たしている役割の一つにゴミステーションの管理がある。あなたがゴミ出ししているゴミステーションは綺麗に管理されているか。ルールを守ってゴミ出しされているか。注意してみてみよう。"すべての人が関わる自治"の始まりは環境美化機能といってもいい。

② **共同防衛機能**：減災防災、交通安全、防犯など、予防的に行う活動である。発災時の対応はもとより、平時の見守り、子どもやお年寄りなどの要援護者対策が求められる。減災防災をキーとして、これまで自治会等にかかわりのなかった人たちにも呼びかけ、地域総ぐるみの防災まちづくりに取り組む地域が増えている。

③ **情報伝達機能**：行政情報や地区情報の受け取りである。回覧板や掲示板を通して受け取ることが多いが、専用のホームページを開設する自治会も増えている。また、地域住民の総意を行政や企業（開発業者や地元のスーパーなど）へ届けるといった機能もある。

④ **親睦機能**：祭り、体育祭、餅つき、クリスマス会、ハロウィンなどの行事がある。昨今、担い手の負担とともに、SNS等を通した情報収集能力の高まりにより、地元以外の地域の催しに参加し、地元の催しに人が集まらないといった理由で、開催を取りやめるなど親睦機能を弱めつつある自治会も少なくない。他方で、地元への愛着心を高めることにつながる、地域資源を活かした学習（ホタル観察、里山保全、地域の歴史）や、地域の共通のニーズ「終活」「認知症対策」

「乳幼児をもつ親と子のサロン」などに対応した学びと交流を合わせた活動に力を入れる自治会も生まれている。

⑤ **地域代表機能**：何をもって地域を代表するのか。境界をもつ地域的まとまりの中で、住民の声をより多く集められることが重要な条件となる。より多くの会員をもち、より多くの住民とつながる仕組みをもつのは、現在のところ自治会だろう。問題があるとすれば、一部の人の特権化を生み出していないか、つまり自治会役員だけの意見になっていないかということである。地域代表機能を高めるためには自治会のコンプライアンス力を高めなければならない。会計や意思決定の仕組み等の情報公開がカギとなる。

⑥ **課題発見／解決機能**：世帯規模の縮小やニーズの複雑化により、家族や行政、市場だけでは対応できない問題が数多く生まれている。地域ニーズを知り、自治会はそのニーズに対して何ができるのか、誰の力を借りるのか。地域ニーズを知る力と、専門機関等につなぐ力が必要になっている。例えば、乳幼児をもつ親と子のサロンを自治会館で開催するならば、自治会館を自由に活用してもらえるよう鍵の管理や場所の優先利用などのルールをつくる。専門的な視点が必要ならば、先輩子育てママや行政などに一声かけるのも重要な役割だ。

⑦ **地域コミュニケーション力向上機能**：自分とは異なる暮らしをしている人が隣りあい暮らしているのが地域である。勤め人であれば会社で長い時間を過ごし、良くも悪くも会社のコミュケーションの作法を知らず知らずのうちに習得している。しかし地域のコミュニケーションの作法は、会社が儲かる、自らの成績があがる、という世界とは随分異なる。

筆者が経験したこんな事例がある。定年退職後すぐに自治会役員となった人が、自治会が管理する空き地を、財源確保のために駐車場にしようとした。そこは公園の少ない地区の子どもたちの良き遊び場だった。これを知った民生委員（厚生労働大臣から委嘱され、それぞれの地域〔自治会や小学校区に1～5名程度〕において、住民の立場から社会福祉に関する相談に応じ必要な援助を行うなどしている）と子育て中のママたちは強く反対した。さて、どうなっただろう。自治会としての収入は減るが、駐車場の規模は縮小され他所で整備することに決めた。立場が変われば実現したい内容も変わる。もちろん駐車場を優先する場合

第5章　組織のかたちをつくる　　135

コラム 5-4　自治会成立の歴史

　自治会の特徴を理解するために、自治会成立の歴史をごく簡単に把握しておきたい。それは①戦前、②戦中、③戦後に大きく分かれる。

　①戦前はどこまで遡るかについて多くの議論がある。ひとつは住民の生活問題（消防、防犯等）や資源管理（入会地、農業用水路等）といった、地域的なまとまりの中の助けあいという観点、他方は権力者による統治の仕組み（住民把握、納税、情報伝達等）という観点であり、それぞれ遡るルーツが異なっている。前者は、中世鎌倉時代の惣が、百姓としての水利配分、祭事、そして境界紛争から自衛力を高めるため地縁的な結びつきを強め、その境界の範囲内に住むすべての構成員によりつくられていたことから、原型のひとつとされる。これが江戸時代には生活共同体の単位として捉えられ、近代化以前の村＝「自然村」と呼ばれるようになる。自然村は近現代の「大字」にほぼ重なり、自治会や消防団の編成単位として現在に続いている。一方、統治の観点では古代律令時代にまで遡るという説もあるが、地域社会学において概ね共通認識されているのは江戸時代の五人組である。近隣の5戸程度を一つの組とし、年貢の確保、法令の伝達、その他相互監察などを目的として組織化した。

　その後、明治期に入り、地方自治制の成立過程において大幅な町村合併が進められるなか、旧町村に「行政区」として区長を置き、従来の生活・生産・自衛の単位のほか行政の補完組織としての機能を行政区にもたせた。行政区はその後、大正・昭和の時代の都市化とともに範域が再編されるなどし、市には「町内会」、町村には「部落会」が国によって整備されていくこととなる。この時期が自治会の前身の創成期である。

　第二次大戦下では、行政の最末端組織として統一的に掌握されることとなり、防空、動員、言論統制など戦争遂行に大きな役割を果たした。戦後しばらくは物資の配給を担った。これら自治会は、行政の末端機関として住民を抑圧する前近代的な組織とされ、1947年から1952年まで禁止されることになる。禁止が解かれた後は、法令的な規定はなく、行政組織とは無関係な存在である。ただ現実には、多くの市町村で、主に自治会長個人を行政協力員に任命するなどし、市町村行政と密接な関係を維持しつつ、生活問題の共同処理や地域行事による文化継承や親睦、コミュニティビジネスの財源確保など、ニーズの変化に応じて多様な展開をみせつつある。

もあるだろう。地域の実状とニーズは何か、自治会の活動に参加し地域で活動する先輩たちと会話する機会を重ねることで、地域の慣習や大切にしていることが見えてくる。自治会をはじめ、地域で活動する諸団体に関わることで養われるコミュケーション力があるのだ。

3）自治会との出会い方

あなたが趣味サークル活動や親子サロンを始めたい場合、自治会とどのように連携できるだろうか。自治会との出会い方には次のようなものがある。

① 輪番制で回ってきた班長をきっかけとして、その後も担当を担う

最も多い自治会デビューの仕方である。その時を待ってましたと言わんばかりに、意欲的に発言し、行動していく。役員らと接する機会も増え、うまが合えば遠くない時期に役員に推薦されるだろう。そんな積極的な人はいないのではないかと思うかもしれないが、定年退職から雇用延長を終え、趣味なども一通り終えた60歳代後半の男性など、そうした人にお会いすることは少なくない。また、人格や専門性などが買われ、一本釣りで新たな役割をお願いされることもある。自らにやりたいことがあるのであれば、役員や事業担当者として事業を新規でつくり出したり、既存の事業を改変して、実施することもできる。例えば、自治会役員が認知症をもつ義理の親の介護を始めたときに、自治会で認知症当事者や介護者が集うサロンを実施し、自らの悩みも軽減させたという事例もある。個人で行うより、自治会の公共性や信頼性をベースとして行政と協働したり、助成を受けたりすることでより専門的で充実した場にすることができるだろう。

② 子育てサロンや季節イベントの担い手に立候補する

基本的に自治会の役員は、会員の声を聞く姿勢はある。提案したり、担い手として参加することはウェルカムだろう。ただ、筆者の経験では思いや理想を語るだけでは受け入れられにくい。人となりを理解してもらう時間が必要だ。事業に一緒に取り組むなどしてお互いを知りあう時間がほしい。またこうした時間をつくる以外に、自らのもつ技術をアピールすることで関わりやすくなることもある。例えば、ホームページを作ることができる、イラストが描ける、手芸が得意、庭木の手入れが好き、保育士・教師の免許がある等々。自治会側

第5章　組織のかたちをつくる　137

も○○ができる人だ、という認識をもちやすく受け入れやすい。簡単なもので
いいので、わかりやすく伝える特徴があるといい。

③ 自治会館を利用する

自治会館は地域の交流と学びのためにフル活用すべき貴重な財産である。し
かし、会員等が自由に貸りられる自治会館はあまりない。利用上の難点は鍵の
管理である。自治会館に管理担当者が常駐できればよいが、ボランティアでそ
のような業務を担う人はなかなかいない。誰かが常駐するのであれば、利用料
をとることはもちろん、自主事業などを通して人件費を稼ぎ出すしかない。身
近なところに協力的な商店などがあればそこで鍵の受け渡しをするという方法
もある。一定時間開放して、利用者同士が管理しあうという方法もある。

④ 一団体として提案・協働する

あくまで自治会とは別組織として、自治会と連携や協働をするという方法で
ある。例えば、おやじの会としてハロウィンイベントを企画して、自治会と共
催にすることで、自治会館の利用はもちろん、回覧板や掲示板を使った広報、
商店の協力を得やすくなるということもある。自治会のもつ信頼性や広報機能
を期待して上手に連携する方法である。こんな例もある。同じ地域で活動する
事務スペースを確保したい在宅福祉のボランティアグループが自治会館の空き
スペースを借り、その代わりに自治会の電話番や貸しスペースの管理、鍵の管
理を行うという、両者の弱点を補い合う連携である。

4）変わる自治会

自らの地域を良くするのは地域に住む人たちである。いくら優秀なよそ者が
いても、地域に住む人が動かなければ持続的な活動とはならない。前述した自
治会のもつ機能のうち、⑥課題発見／解決機能と⑦地域コミュニケーション力
向上機能に着目して、新たな取り組みの事例をみてみよう。

① カフェや食堂を開設！

地域住民が組織をつくり、設立・運営する食堂を全国で見かけるようになっ
た。中山間地で行政による積極的な支援を得つつ、地域の拠点づくりの一環と
して整備されるもの、都市郊外部において地域の高齢者等の見守りや居場所機
能を兼ねて住民が独自に整備するものなどがある。著者が実際に訪問調査をし

た事例を紹介しよう。

　イ）韓国料理のレストランから事業展開（チムジルバン・レストラン鷹取：高知県梼原町初瀬区、7つの集落が協議体をつくり運営）

写真 5-2　アットホームな雰囲気の韓国風レストラン　（2016 年 8 月筆者撮影）

　高齢化率（65 歳以上人口の総人口に占める割合）約 50％の中山間地に、日本の過疎を学ぶ韓国の大学とのつながりを活かして 2015 年韓国式サウナ・韓国料理のレストランをオープン。施設は、県内に共通して整備された集落活動センターとして、県や町からの補助を受け建てられた。運営は地域住民による NPO 法人はつせと、鷹取キムチの里づくり実行委員会が担う。このほか、食品加工や高齢者が栽培する野菜の集出荷支援を、見守り活動を兼ねて実施している。さらには、近接過疎地と合同して、タクシー等の公共交通機関による移送サービスを十分に得られない地域で運用可能な、非営利で自家用自動車を使用して移送サービスを行う NPO 法人絆を設立し、地域住民の足を確保している（過疎地有償運送制度）。

　ロ）食堂は福祉事業の一環（コミュニティ・サロンほっこり：横浜市金沢区）

　高齢化率約 30％の郊外住宅地に 2012 年にオープン。火曜から土曜の 10 時〜3 時。月に 1 回夜に「宵の口サロン」も開催。自治会が建物を所有し（分譲マンションの 1 階）、自治会の事業の一部として経営している（会計上は独立採算）。自治会の事業の一部とすることで積極的な支援が可能となり（不動産取得や管理費は自治会が負担、人的な支援も充実、広報も容易）、食堂も住民同士の交

写真 5-3　中の様子がよくわかるほっこりの入口
（2016 年 8 月筆者撮影）

第 5 章　組織のかたちをつくる　　139

流の場として、また高齢者や子どもの見守りなど福祉事業の一環として周知することで住民の理解も得やすい。

② 法人化して特定分野の課題解決機能をパワーアップ！

本節（3）以降で詳述する。

③ 全員参加の仕組みづくり

防災や防犯といった機能だけでなく、暮らしを楽しむための交流・親睦の場づくりも始まっている。個人主義の進むフランスで 1999 年に始まり、今や世界中に広がる「隣人祭り（La fete des voisins）」は、近隣住民が、マンションの中庭や近所の公園・広場などで料理や飲み物を持ち寄って、食事や会話などを楽しむイベントである。日本でも 2008 年頃から家族向けシェアハウスやリノベーションされた団地等で広がっている。「祭り」とはいっても、特に大きな準備は必要なく、人集めの心配もない。また草刈りをするといった具体的な目的もない。仲良しで食事会をしたりバーベキューをしたりするのとは異なり、ポイントは身近な地域の他人とのほどほどの交流である。こうした要素を取り入れて、全員の参加の取り組みを行っている自治会がある。

イ）社会貢献、学習、そして親睦

（みやのもり自治会：栃木県宇都宮市南部の郊外住宅地）

みやのもり自治会は、自治会活動をベースに「社会貢献」「学習」「親睦」の3つのバランスを注意深くとっている。会員に配布する資料にもこれら3つの重要性を PR し、自治会のすべての活動を3つに分けて計画している。社会貢献は、美化活動や防犯パトロール、行事の下支え役などである。ただ、社会貢献だけ声高に掲げても疲弊していくのは皆さんもよくご存知の通りだろう。みやのもり自治会では、学習の重要性を明記している点が秀逸である。人は誰しも成長したい、知識を得たいと思っている。そこで、研修や、視察、実践等を通して、活動者自身が成長を実感できるような企画・プログラムを用意している。そして、全住民参加の親睦である。全住民参加の親睦イベントというと、夏祭り、体育祭、最近ではハロウィンだろうか。どれも華やかな印象だが、準備は大変だ。競技に出てくれる人がいないなど、運営側の嘆きをよく耳にする。みやのもり自治会では、親睦は、「向こう三軒両隣り」という信念のもと、次

のような取り組みをしている。

「班別ふれあい親睦会」と称して、約15世帯ごとに予算を補助し、年1、2回バーベキューや食事会などをするのである。内容は自由に班で決める。話をするのが苦手だという人でも、挨拶しつつ顔を見せに来てくれるようである。さらにそうした企画や実施が苦手な班には、自治会の役員や有志がサポートする。これらの取り組みにより、自治会加入率100％が実現できているようだ。自治意識を高めるには近隣との関係づくりからという信条がある。先に紹介した「隣人祭り」を実践する好例である。

ロ）減災・防災から親睦を深める

（阿久和北部谷戸自治会：横浜市瀬谷区の郊外住宅地）

減災・防災をテーマとして自治会会員以外の住民すべてに参加を促した「おとなり場システム」を紹介しよう。自治会の会員かどうかを問わず全世帯に、日中や夜間の家族の所在を最低限記す「おとなり場カード」（写真5-4）を配布、それを回収し「おとなり場リーダー」が管理する。世帯の構成（組）は、日常的に顔を合わせることの多い、道路を挟んだお向かいさん10軒程度に設定した。また、有事の際の一時避難場所「おとなり場」（ゴミステーションの前、空き地、駐車場など）を組ごとに決める。さらに、お互いのことを知りあうため、年2回の会合を促した。この会合は、組の中の7割の世帯が出席していれば会合費を補助。会合は交流が目的で、宴会、カラオケやハイキングもOKという画期的なアイデアである。現在この取り組みは、周辺の自治会にも広がっている。

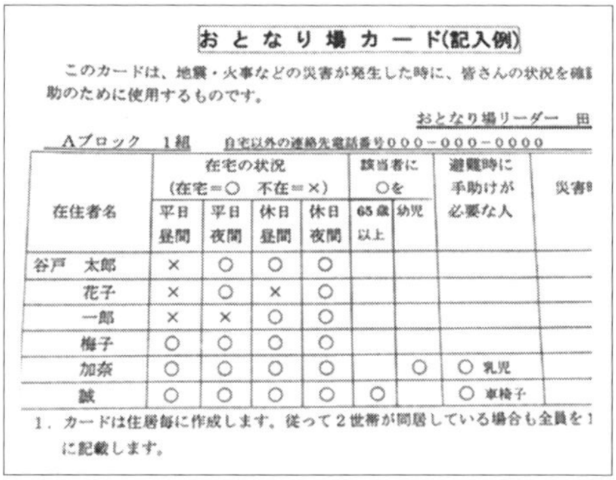

おとなり場カード(記入例)

このカードは、地震・火事などの災害が発生した時に、皆さんの状況を確
助のために使用するものです。

おとなり場リーダー　田

Aブロック　1組　自宅以外の連絡先電話番号０００－０００－００００

在住者名	在宅の状況（在宅＝○　不在＝×）				該当者に○を		避難時に手助けが必要な人	災害
	平日昼間	平日夜間	休日昼間	休日夜間	65歳以上	幼児		
谷戸　太郎	×	○	○	○				
花子	×	○	×	○				
一郎	×	×	○	○				
梅子	○	○	○	○				
加奈	○	○	○	○		○	○ 乳児	
誠	○	○	○	○	○		○ 車椅子	

1．カードは住居毎に作成します。従って2世帯が同居している場合も全員を1
に記載します。

写真5-4 「おとなり場」カードの記入例

④ 自治会役員OBが新たなまちづくり組織をつくる

自治会役員や民生委員の視点や経験を活かした取り組みも進められている。

イ）役員時代に感じたニーズを共有（こうと会：栃木県さくら市旧河戸小地区）

60代、70代の元行政区長と元民生委員らが中心となって、人口減少の進む4つの行政区エリアにまたがる活動をしている。行政区長時代や民生委員時代に実感した、高齢化する地区の実状とニーズを話しあい、高齢者の見守りサロン活動、夏休みの子どもの寺子屋、多世代が交流する夏祭りなどの活動をしている。メンバーは約10人ほどで、現役の行政区長に声かけをするなど会のメンバーは増えている。

　地区のことをよく知り、豊富な経験と、住民キーパーソンや行政等とのネットワークをもつ元行政区長らが、任期後に行政区域を越えて結集し、地域に必要な活動を生み出している。中山間地の担い手が急速に減少している地域や、郊外住宅地で高齢化等により生じる膨大なニーズに対応を求められる際に、極めて有用な方法だろう。元役員らが輝く場にもなっている。

　ロ）自主財源で保健福祉活動を継続（庄戸町会：横浜市栄区、鉄道の駅からバス
　　　で15分以上かかる山坂の多い住宅地）

　町会長現役時代に5つの町会の連携会議で議論が始まった。前身は、行政から3年間の保健福祉に関するモデル事業である。モデル事業後の空き家を活用した事業展開については、5町会の合意には至らず、有志による任意団体の活動として「庄戸の元気づくり事業」が2007年に始まった。保健福祉分野を中心として活動を継続していく必要性を感じた町会長らが、会長任期終了後も、民生委員らとともに自主財源を確保しつつ継続することとした。始めた活動は、空き家を活用した子育てサロン「すくすく」、多世代サロン「花水木」、一般利用を含めた拠点の運営（サークル活動等への貸し出し）、この他に、イベントへの参画や小中学校の要請に応じた「学びの応援隊」、草刈りなど日常生活のサポートをする「暮らし応援事業」などである。町会等の役員OB、OGが中心となって活動している点以外にも、拠点となる空き家を中心メンバーの縁から探し出す点、メンバーの公募制（創業時21名中16名ははじめて知りあうメン

写真 5-5　現在の拠点は2軒目
　　　　　（庄戸町会）
　　　（2016年8月筆者撮影）

バー）、行政や社会福祉協議会からの助成金以外に、集団資源回収や拠点利用料などを通して財源を確保している点は大いに参考になる。

⑤ 自治会が子どもたちに夢を届ける？！

地域づくりを進めるには、一生懸命課題解決をするだけでなく、お金を稼いだり、楽しさや喜びがあればなおいい。さらには地域づくりに夢を見ることができたら、その活動には多くの人の賛同が集まるだろう。コミュニティビジネスや楽しい活動のアイデアを伝える書籍やウェブサイトはたくさんあるので、ここでは夢を見るということはどういうことかを考える素材として、過疎化の進む地区での取り組みを紹介したい。

イ）サツマイモ栽培で生イチローを観よう！

（やねだん：鹿児島県鹿屋市串良町柳谷集落）

やねだんのまちづくりはすでに全国的に有名になり、その世界で知らない人はいないくらいだ。やねだんと呼ばれる柳谷地区は人口300人ほどの村である。1995年、住民3人から無償で提供を受けた30アールの休耕地で、「高校生クラブ」の活動の一環としてサツマイモ栽培を始めた。公民館長豊重氏のアイデアである。高校生の慣れない作業を心配した親や祖父母やその友人たちが、自然と農作業に関わるようになる。重機を貸し出してくれる人も出てくる。高齢者にとっても体を動かしたり、農作業のアドバイスをしたりすることで地域住民との積極的なかかわりが増えた。こうしたプロセスを経て、高校生クラブの活動が地域の人の居場所と出番を生み出したのである。初年度の利益はサツマイモだけで35万円になった。

さて、もし自分が自治会長なら35万円を何に使うだろうか。次年度のために苗や工具を揃える。貯蓄に回す。住民に還元する。ここで公民館長豊重さんのアイデアは「みんなで東京ドームに行き、生イチローを観よう！」というものであった。財源が足りず東京までは行けなかっ

写真5-6　住民の写真が掲げられた自治公民館
　　　　　（やねだん）　　　（2011年2月筆者撮影）

第5章　組織のかたちをつくる　143

たが、福岡ドームまで観に行くという夢は実現した。地域の資源を活かして、夢を実現させた活動は町中に広がり、翌年度から自治会の住民総出の事業となっていった。今ではサツマイモ栽培のほか、トウガラシの栽培、土着菌づくり、芋焼酎の販売、食堂の運営などを行っている。

館長就任 10 年目の 2005 年には、自主財源が約 500 万円となり、122 世帯の全世帯に対して 1 世帯 1 万円のボーナスを配布するまでになった。減り続けていた人口は、2007 年には増加に転じた。

(3) "法人化する必要性" が訪れるとき

なぜ法人化するのか。ここでは、そのきっかけを法人化のメリットに着目して整理しつつ、法人化によるデメリットも紹介する。

1）法人化するきっかけ

法人化するきっかけはいくつかのパターンがある。

① 行政等からの委託事業や助成金を受けるための条件になっている

行政等からの委託事業や助成金を受ける際に、法人であることが条件になっていることが少なくない。ただ、"委託事業を受けるための下請け法人" にならないよう注意が必要だ。（期間に定めのある）委託事業の仕様は、行政が責任をもち行うための内容なので、市民（請け負う団体）がそのテーマに対してどうしたいのかという視点はない。自分たちはそもそもどんな社会ビジョンをもち、ミッションをもつのか。双方が自立したビジョンをもち、それをすり合わせるプロセスが必要なのだ。

例えば、地区の市民利用施設の管理運営について、"地元の住民が参画して管理運営する施設が理想だ" という方針が打ち出されたとする。地元の住民は、市民利用施設の管理運営をした経験もなければ、公共感覚、経営感覚も十分に備わっていない。日々の開館業務だけで精一杯で、5 年後のビジョンや、そのためにはどのようなスキルや事業が必要かといった視点はもてないだろう。こうした状況で、地元の名物住民だけを中心に据えて施設管理を始めても、ニューリーダーは生まれず、むしろ市民団体が関わりにくい施設になってしまうおそれもある。

144

② 税務上・労務上の対応が必要になる

　まず、法人化以前の任意団体で代表者または管理者を決めている場合でも、税法上は、規模の大小にかかわらず「人格のない社団等」と呼ばれ法人とみなされる。「人格のない社団等」は、収益事業を行う場合に限り課税（法人税法施行例第5条における34業種）される。サークル活動であっても、事業収入があれば課税対象となるのだ。収入が会費・寄付のみの場合は法人税は課税されないが、アルバイトの事務局スタッフに給料を支払っているのであれば、所得税の源泉徴収を行う必要がある。個人事業主と法人では税率が変わり、事業収入が一定の額以上の場合、法人化している方が税負担を軽減できる。つまり、"事業収入があり、またその増加を目標とする"のであれば、法人化を前提に準備をしておくとよいだろう。

　この他、個人事業主の場合、事業主本人は厚生年金や健康保険の対象とならないが、従業員については一定の手続きをすれば対象となる。ただ事業主が費用の半分を負担する必要があるなど負担も少なくないため、事業主が手続きをしない場合も多い。こうしたことを踏まえて、失業した場合や退職後のことを考えて法人を選択することがある。

③ 団体のリストラクションをする

　1年間〜数年間活動したのち、組織構成員の一人ひとりの自覚や責任を問うため団体のリストラクションの一環として法人化する場合がある。実際に筆者が立ち会ったこんな例がある。公民館で高齢社会とボランティアに関する講座に参加した主婦らが事後グループをつくり、勉強会を重ねたり、地区のイベント等でボランティア活動をしていた。そのうち、一人暮らし等で暮らしに困難を抱える人の世話を始める。その後、リーダー層の何人かが、専門性を高めて対価をもらう必要性を感じ、メンバー全員に提案した。すると、無償だから意義がある、専門性をもつ必要がないと考えるメンバーと意見が食い違うようになる。そこでリーダー層は、メンバー全員にアンケートをとり、事業化に賛同するメンバーを集め、賛同しないメンバーとは別れることとなった。趣味サークルから事業性のある市民活動へと舵を切った際にNPO法人化した事例である。

④ 信用を高めたい

事業所得の拡大をめざさず、知った人同士で無償で活動したり、業務を請け負ったりするだけであれば、法人化する必要はないだろう。しかし、主婦グループが、行政や企業と交渉したり、協働で何かの事業に取り組むことを想定するとどうだろうか。交渉される側は「何をしようとしている人たちなんだろう」「グループとしての意思決定や責任の所在はどうなっているのだろう」と不安になるのではないだろうか。そうしたときに法人格があると、依頼する側にとっては、継続した活動組織であることが確認できるし、責任者や組織体制も明確になり安心である。信用度を高めるには、これまでの活動実績や役員体制がわかる「団体説明用リーフレット」を作成することや、交渉先には、賛同している仲間がいることを示すためにも、アツい思いをもつ一人でなく複数人で行うこともお勧めしたい。

⑤ 財産所有の責任を個人に負わせたくない

任意団体の場合、最終的には代表者個人が責任を追及される。いわゆる無限責任である。負債が生じた際、事業所の資産で債権整理できない場合は、個人の財産を持ち出しても弁済する義務を負う。自治会が、防犯パトロール用の車を所有する、賃借する、自治会館を所有するといった場合も、会長名義ですべて契約することとなる。会長が死亡した場合、相続税が親族に請求されることもある。また銀行口座をつくりたくても、すでに個人名義の口座があると、複数つくることができないこともある（団体として会則や収支決算書等を揃えていれば、任意団体の名称でも開設可能な場合もある）。他にも、団体で行う事業に必要な各種申請において、代表者が変わるたびに新たに取得申請し直す必要があったり（保健所の許可、販売免許ほか）、代表名義の車で事故を起こすと、対応はすべて代表個人になってしまう。

2）法人化のデメリット

以下のような負担増がある。

①設立時に費用がかかる。NPO法人は無償である。株式会社や合同会社は登記申請における登録免許税や定款認証手数料が必要である（株式会社、合同会社それぞれ最低でも合計20万、6万円が必要）。NPO法人設立は、千円を超え

る出費は実印を作る費用くらいである。

　その他、②収支決算書の作成、複式簿記の導入、総会の準備など事務作業が増し専門性も必要になる、③税理士など専門家に依頼することが増え、必要経費がかさむ、④赤字でも法人住民税の均等割負担が生じる、などもある。

　一方、財産を所有せず、委託契約などの金銭的責任を問われることがなく、大きな収入も見込まない、そして何よりすでに実績があり信用されている場合は、法人化する必要性は弱い。こんな例がある。

　イ）信頼を得た「運動」を主とする活動

　神奈川県湘南のある住宅地で、景観と緑を守る活動を長年している団体があった。助成金を取得したり、開発業者と交渉する度に、そろそろ法人にしてはという声が団体内部や行政側からも聞こえていた。しかし団体の趣旨は住民・業者への啓発であり、行政からの事業受託や、他の地区へ活動を広げる意図はない。さらに、メンバーには住民キーパーソン、学識者や専門家なども加わり、地区一帯で信用されるネットワークを築いていた。また定年退職者や地元の大学生のボランティアを活かしながら、身の丈にあった活動を地道に展開していくことを好んでいた。このように運動・啓発を主とする活動である場合は、法人化しない方が責任や負担が増えず、持続的な活動となる場合もあるだろう。

　ロ）事務局スタッフの後継者が見つからず解散

　もう一つは解散した例である。あるNPO法人は、活動開始から10年近く日常の困りごと支援のための事業を展開してきたが、ボランティアスタッフの後継者不足、財源不足、介護や子育て等のライフスタイルの変化による中心メンバーの状況の変化等により、団体のビジョンやメンバー間の思いの共有が難しくなり、解散を選択した。組織の目的は継続することではない。目的の達成、ビジョン・ミッションの共有が難しいのであれば、分離したり、解散すればよい。活動継続を優先するのであれば、事務局スタッフの有償化をめざした予算計画、研修の実施を通したビジョン・ミッションの共有など3年、5年先を見据えた経営をしていくことが重要である。

第5章　組織のかたちをつくる　　147

（4）法人の種類──どれを選択するか

では、実際に法人化する際にどのような形態があるのか、事業の目的や、仲間との合意形成の方法、会員（あるいは出資者）との関係、そして税の優遇などに着目して整理してみよう。まず大きく、営利法人と非営利法人がある。

〔営利法人〕「営利法人」は、本来的に事業により得た利益分を特定の構成員、いわゆる社員に分配することを目的としている法人を指す。代表的な企業形態には株式会社、合同会社がある。株式会社の最大の特徴は、一般の個人から資金を調達できる点である。設立したばかりの小さな会社は資金繰りが困難になることが少なくないが、株式を公開すれば資金調達が可能となる。こうした営利法人のもつ優位性を地域事業に活かそうとする試みが、全国各地で始まっている（ 1)で後述）。

〔非営利法人〕 株式会社は、利益が出れば構成員（出資者）に分配するが、非営利法人の場合それは違法である。余剰利益は、各NPO法人が定款で定める次年度以降の事業のために使用し公益の増進を一層進める、というのが特定非営利活動促進法（NPO法）の趣旨である。「従業員は皆ボランティアなの？」という質問もよくある勘違いである。給与、事務所の賃借料、電話代、自動車の所有等は、他の法人と同じように「経費」として扱われる。あらかじめ定めた給与規定、賞与規定により、毎月の固定給やボーナスを支払うことができる（ 2)で後述）。

1）営利法人

それでは、営利法人の代表的なものの特徴をみてみよう。

① 株式会社

地域で事業を行う場合、はじめから株式会社を選択する例は多くない。任意団体やNPO法人、あるいは特定の事業を目的とした活動（集落営農を支援する農事業組合法人など）をしていて、新たな展開を進めたい場合がある。任意団体では、社会的信用が不足し、取引や雇用などの面で不十分だ。NPO法人は小規模な事業運営が多く、新たな事業への初期投資を会費や寄付金だけで賄うのは難しい。銀行から借り入れをしようとしても、担保が代表者個人となる場

合もあり、「そこまでしなくても……」となったりする。また、特定目的の法人はそもそも事業展開ができない。例えば農事業組合であれば、農協法により農業の経営（共同利用施設の設置、農作業の共同化、農産加工など）に関する事業以外はできない。構成員も農民、組合、農地保有合理化法人に限定されており支援者や担い手も限定されてしまう。

そこで、例えば介護事業やエコツーリズムなどの観光事業といった新たな事業展開を検討する場合に、事業に制約がなく、「世帯単位でなく個人が出資できる」という新しい参加のかたちが可能となることを理由として、株式会社を選択する例がある。NPO法人化の場合（2）①で後述）のように、「非営利性」を看板にすることで公益性や社会的信用を得ようとするねらいは、中山間地のようにすでに見知った人同士が事業を展開する場合、あまり重要でなくなるのかもしれない。さらには定款において、いわゆる「ミッションロック（地域のための事業を行う約束）」「アセットロック（得た利益等は地域のために使う約束）」を掲げることで、より一層、地域密着型の株式会社となることも可能だ。地域づくりの観点からまとめると、以下のような特徴がある。

ⅰ）一株一票（世帯でなく個人で参加可能）。

ⅱ）出資額に応じて余剰金を分配できる。

ⅲ）所有者（株主）と経営者（取締役）が別である（合同会社との大きな違い）。

ⅳ）株券は定款に定めた場合のみ発行する。定款で株式の譲渡制限ができる（敵対的買収などに対抗）。

ⅴ）定款は株主総会で変更できてしまうため、株主の変化により上述した2つのロックが無効になる危険性もある。

② 合同会社（LLC：Limited Liability Company, 有限責任会社）

合同会社は、2006年の会社法の改正により、新たに設立できるようになった会社形態である。地域づくりという観点で株式会社との最大の違いは、"「自分たちの活動」という意識をもつことができる"という点だ。

株式会社は「出資者（株主）」が株主総会で選んだ「取締役」に経営を委任することで事業を行う。これを「所有と経営の分離」という。これに対して、合同会社は「出資者＝経営者」であるためお任せ事業になりにくく、出資者全

第5章　組織のかたちをつくる　149

員で支えあおうという気運が生まれやすい。そこに住む人だけでなく、都会に出た子どもが、故郷の合同会社に出資して、親の暮らしを間接的に支えるというケースもある。

　例えば、過疎が進むまちで昨今誕生しているのが、地域住民で運営するガソリンスタンドや、食べ物・生活用品を扱う小さなお店である。自分たちのまちに必要なものを自分たちで作ろうという場合、合同会社の形態が選ばれることが多い。

　もう一つの大きな特徴は、得た余剰金を、出資の割合（会社にいくらお金を出したのか）に関係なく、能力、技術をもった人に対して多く配当できるということである。例えば、事業がうまくいったのは、ノウハウを提供してくれているAさんのおかげだというケースである。このようなときに、定款によってあらかじめ配当の配分率を定めておけば、Aさんに他の人よりも多く利益を分配できる。以下に地域づくりの観点から合同会社の特徴を挙げる。

ⅰ）出資者＝社員（経営者）。出資した人全員が経営に責任をもつ。

ⅱ）出資額にかかわらず一人一票の権利。

ⅲ）株式会社と同様に余剰金を分配可能。

ⅳ）設立コストが低い（6万円。株式会社は20万円）。一人でも設立可能。

ⅴ）出資者合意の上で、利益の配分や意思決定の方法を自由に決め、定款に定めることが可能。

2）非営利法人

次に、各種非営利法人についてみていこう。

① NPO法人（Non-profit Organization）

日本では1998年の特定非営利活動促進法成立により法人格を得た2017年3月現在、52,000余りある。NPO法人の特徴を整理すると次のようになる。

ⅰ）10人以上の会員が必要、設立に要する期間は3ヵ月〜半年程度。

ⅱ）会員（総会で議決権を有する者）の加入や脱退について不当な条件をつけてはいけない。

ⅲ）利益の分配はできないが収益事業はできる。

ⅳ）活動内容はNPO法で定める20分野に限られる。

ⅴ）設立時の費用は不要。

　活動を始めたばかりで社会的信用を得られていないグループが公益事業に取り組む場合、営利目的でなく、法律上情報公開も一定程度担保されているNPOは、交渉先にも安心感を得てもらいやすい。社会的認知度も高く、"お金儲けを第一の目的とせず公益的な事業を市民が中心となり広げよう"という趣旨を前面に押し出していく際に、他の法人格に比べて最も適切である。

　また、非営利とは別のもう一つの特徴「非政府（政府や行政から独立した立場）」からNPOをみると、「市民参画」「社会変革」がポイントで、これこそが公益の増進につながる重要な視点である。特定の人が集まって、そこで通用する言葉や経験を分かちあうだけでは、公益という観点では不十分だ。理解者、賛同者を増やしていく必要がある。伝える力、説明する努力を怠ってはならない。

　さらに、裾野の拡大や目の前の課題解決だけでなく、"制度をつくる／つくり変える"のもNPOの重要なミッションである。例えば、現在全国の市町村で実施されている、主に乳幼児をもつ子育て中の親子が集う「つどいの広場事業」（週3日、1日5時間以上空き店舗等を活用して居場所づくりを行う）は、横浜の子育て中のママたちが商店街の空き店舗を借りて自主的に始めたものが、市の事業となり、また国の事業となった。それまでなかった制度をつくり出したのである。活動を始めた当事者グループはNPO法人（NPO法人びーのびーの）となり、代表の奥山千鶴子さんは、全国でこの活動を普及啓発するNPO法人子育てひろば全国連絡協議会の代表も務めている。

② 一般社団法人

　社会的な信用を得て継続的に活動していくには法人化したい。ただし利益の最大化が目的ではない。非営利色を出しつつ、設立に時間をかけず、かつ少人数で設立したい場合に一般社団法人を選択することが多いようだ。ただし税制上の優遇はNPO法人ほどはないと捉えた方がよい。

ⅰ）会員は2名いれば設立可能。

ⅱ）情報公開の義務がないため、事務処理はNPO法人に比べ容易。

ⅲ）事業内容に規制がなく幅広い収益事業が可能。ただし利益分配はできない。

ⅳ）設立時の費用は、11万円。

第5章　組織のかたちをつくる　　151

> ### コラム 5-5　　地域住民「限定」の NPO 法人
>
> 　例えば、小学校区の地域住民に会員資格を限定する NPO をつくることは可能だ
> ろうか。NPO 法人の特徴の ii ）で挙げたように、加入に不当な条件をつけること
> はできないから、NO ！となる。しかし、2016 年 5 月 30 日付でこんな通知が内
> 閣府から出された。
> 　　内閣府政策統括官(経済社会システム担当)付参事官(共助社会づくり推進担当)
> 　「地域運営組織の法人格として特定非営利活動法人を活用することについて」
> 　同通知では、NPO 法人について、社員資格を市町村よりも狭い地域（旧町村の
> 地域や小学校区等）の住民に実質的に限定することは、事業内容等との関連からみ
> て合理的なものであれば、一般論として許容されると明確化した。
> 　また、定款に記載する例として会員に対し、「まちづくりに関わる業務又は、当
> 法人の事業に、自ら率先し積極的に参加できるもの」という条件を付すことを認め
> ている。ただし、住民以外を一切拒否するのは不当な条件になるともしている。

　ⅴ）一般型と非営利型があり、一般型は営利型と同様で、会費や寄付に対し
　　　ても課税される。非営利型は法人税法に定める 34 の事業に対してのみ
　　　課税される。

③ 認可地縁団体

　1970 年代～80 年代、大規模な都市開発とともに自治会も増え、自前で自治
会館を所有するところも多く生まれた。2000 年を超えると今度は、中山間地
で移動に困る高齢者が増え、2006 年の道路運送法改正に伴って自家用有償旅
客運送が制度化され、移動サービスを地域住民（自治会）が行えるようになっ
た（福祉有償運送、過疎地有償運送〔現：公共交通空白地有償運送〕）。ここで問題
となったのが、自治会として所有する土地・建物等の不動産や運送用に購入し
た車の扱いである。

　これまでは、個人名（多くは自治会長など）もしくは共有名義でしか登記で
きなかった。このため名義人が転居、死亡した場合に財産上の種々のトラブル
（名義変更が煩雑、相続等）の原因となっていた。これを解決するため、1991 年
に地方自治法が改正され、自治会（地縁による団体＝認可地縁団体）名義で不

> ### コラム 5-6　　その法人を選んだワケ
>
> 　非営利法人格選択に関して、興味深い実態調査がある（日本 NPO センターと公益法人協会による共同調査、2015 年 3 月）。NPO 法人／一般社団法人を選択した理由は、以下のようになっている。
>
> **表 5-1　NPO 法人・一般社団法人を選んだ理由**
>
> | 選択した理由 | NPO 法人を選択した理由（N=568） | 一般社団法人を選択した理由（N=376） |
> |---|---|---|
> | 法人格が欲しかった | 53% | 52% |
> | 社会的信用が得られると考えた | 77% | 66% |
> | 設立の手続きが早い | 5% | 30% |
> | 設立の手続きが簡便 | 7% | 28% |
> | 行政との関係を深めたい | 43% | 29% |
> | 行政からの要請があった | 14% | 8% |
>
> 出所）日本 NPO センター公益法人協会（2015）「非営利法人格選択に関する実態調査報告書」p.88、p.99 をもとに、割合が高い項目のみを抜粋して筆者作成
> 注）表中の一般社団法人の割合は、一般財団法人 64 法人を含む全 378 法人のうち回答の得られた 376 法人の選択した割合であり、一般財団法人の影響を考慮して読み取る必要がある。
>
> 　「法人格が欲しかった」「社会的信用が得られると考えた」について大差はないが、設立の手続きに関して一般社団法人を選択する団体は「手続きが早く簡便」という理由がみてとれる。また「行政との関係を深めたい」という場合には NPO 法人を選択している団体が多い。

動産登記ができるようになった。

　また、申請の条件として、会則の整備、明朗会計、総会等を通した情報公開などが義務づけられたため、団体運営がより適正になり、地域からの信用が増して自治会活動への関心を広げることにもつながっている。団体の設立費用は登記用の印鑑を作成する費用程度しかかからないが、総会の開催や住民の合意形成に時間がかかる場合がある。特徴をまとめると次のようになる。

ⅰ）自治会等の地縁団体が特定の条件を満たし認可されたもの。

ⅱ）会則の整備、明朗会計、総会等を通した情報公開などの義務がある。

ⅲ）団体名義で財産を所有したり、賃貸借や預金の契約の主体となることが

第 5 章　組織のかたちをつくる　　153

できる。
iv）法人化することで、寄付や公的援助が受けやすくなる。
v）構成員は地域住民に限定される。

3 ▶ 新たな展開へ
——誰もが地域経営に参画する地域運営組織

　人口が減っても、人の交わり「人交」や、人の公共感覚「人公」はどんどん増すような、そんな活動や持続可能な組織づくりをしたい。2015年頃から全国で増えつつあるのが、「地域運営組織」だ。自治会、ボランティア組織、PTAなどが個々に会議をして活動計画をつくったり予算立てをするのではなく、地域に必要なもの、もの・人・金・情報・ネットワークをまとめて効率的・効果的に運営していこうとする地域づくりの包括的な組織体である。呼び名は、他に地域協議会、地区経営母体、地域振興会など様々であるが、いずれもこれまでの既存の組織ではなく、新しいニーズに新しい組織体として対応しようとするものである（図5-3）。また、地域の"益"となる活動が、経済性・事業性をもち、取り組む人の収入にもつながる、いわゆるコミュニティビジネスベースの働き方が生まれつつある。こうした活動は、既存の自治会や育成会を否定するものではなく、それらの組織を残しつつ、それらだけでは実現することが

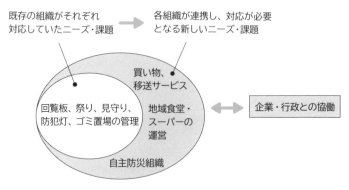

図5-3　新たなニーズへの対応

難しい活動に取り組むものである。

(1) もの・人・金・情報・ネットワークがつながる包括組織づくり
（あば村運営協議会：岡山県中山間地、津山市阿波地区）

「あば村運営協議会」は、地域運営組織の先発事例である。阿波地区は、8つの集落（自治会）がある旧小学校区からなる。人口は563人、高齢化率は約44％（2015年）、市の中心部からは30kmのところにある。あば村運営協議会の組織体制は以下のようになっている（図5-4）。①意思決定（協議）する組織と実働する組織を分けているという点、②実働するための組織体をニーズに合わせてつくり出している点、③課題解決だけでなく地域外に向けた魅力発信に力を入れている点、などが特徴といえる。

阿波地区における取り組みの経緯は以下の通りである（2015年小さな拠点づくりフォーラム資料より著者作成）。

①2008年度、連合町内会阿波支部（8自治会）を中心に「阿波まちづくり協議会」発足（津山市住民自治協議会モデル事業）。②2010年度、阿波まちづくり協議会において環境に特化した村づくり「エコビレッジ阿波構想」を策定。③2011年度、阿波まちづくり協議会、あばグリーン公社、NPO、行政で「エコビレッジ阿波推進協議会」を結成し事業を推進。全世帯を対象とした暮らしの聞き取り調査を行う。④2012年度、実践的な取り組みを開始（ごみ減量などの環境率先行動、アヒル農法の実践）。NPOによる「過疎地有償運送事業」開始。間伐材を集荷・チップ化し、温泉燃料への実証実験（木の駅プロジェクト）。⑤

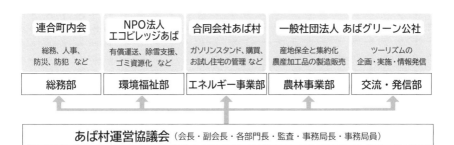

図5-4　あば村運営協議会の組織図

| ガソリンスタンドも併設されている「あば商店」 | スーパーの入り口に掲げられる看板 | サロンスペースもあるあば商店内の様子 |

写真 5-7　阿波地区の取り組み

　2014年度、エコビレッジ阿波推進協議会（環境に特化した村づくり）を「あば村運営協議会」（総合的な村づくり）に改組し新しい村のかたちを議論。住民出資の合同会社を設立し、農協の跡地でガソリンスタンドや小さなスーパー（あば商店）を運営。

　この後、農産物加工生産・体制の確立を図るため、地域おこし協力隊等の協力による小学校施設の改修や、経営分析等による安定経営と財源確保を目指した戦略的な経営を行うようになった。現在、地区の中心では既存施設などを利用した生活サービスを多様に展開している。

(2) 地域運営組織で人づくり
（NPO法人きらりよしじまネットワーク：山形県川西町吉島地区）

　地域づくりの担い手が高齢化する中、若い人を地域づくりの担い手として育てようという試みがある。地区の全世帯が会員となるNPO法人きらりよしじまネットワーク（以下、きらり）の試みである。川西町では、小学校区単位のコミュニティセンターごとに多様な地域組織をネットワーク化し、地域自治を進めてきた。なかでも吉島地区は、町の中でも早い2004年から組織再編や新しい活動を開始。特に将来の世代交代を見据えた仕組みがユニークだ。地区ごとに行う人材育成と、町を挙げて行う人材育成がある。図5-5は前者の仕組みを示したものである。

　"人づくりは地域の課題。地域で育てるという共通認識が大事"と事務局長の高橋由和さんは言う。自治会から推薦を受けた18～35歳の若者が、きらり

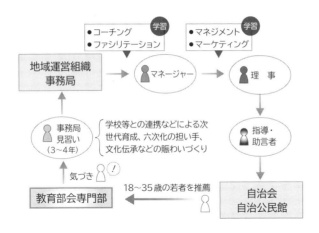

図 5-5　地区レベルの人材育成の仕組み
(2017 年 11 月調査時資料をもとに筆者作成)

の教育部会専門部に所属し、任期 1 ～ 2 年の間に、小学校等との連携などによる次世代育成に関する事業、六次化の担い手として、また地域に賑わいを生み出す事業（文化伝承）に関わり、地域に住む当事者意識や新しい仲間との出会い、ノウハウを習得する。この後、自らの地域に戻り活動するが、これらのなかからもっと地域づくりに関りたいと思った人やきらりからスカウトされた地域の人材は、事務局研修生としてきらりに残る。その後、コーチングやファシリテーションなどの研修を受けて、事務局メンバーや経営側の担い手となり活躍する。さらには、自治公民館長など集落単位の役員等になるといった展開もある。学びの場をつくるだけでなく、学んだ後の活動の場を用意している点が特徴的である。

　こうした人材育成が自前で行われる地域では、地域のビジョンを共有化しやすい。また地域の特性に合わせた課題解決の手法を学び、実際の現場で使える、地域の人材を体系的に捉えることもできるだろう。

　このほか川西町全体では「まちづくりマイスター養成講座」を実施している。中間支援組織「おきたまネットワークサポートセンター」が企画運営し、町内 7 地区から 2 名程度推薦された人材が一堂に会して、地域づくりに関する様々なテーマ（話しあいがスムーズになるファシリテーション、チームビルディングと

第 5 章　組織のかたちをつくる　157

アイデアの企画化など）を連続的に学ぶ。講座修了時には町長認定の「まちづくりマイスター」となり、その後、各地区の地域運営組織等で活躍することとなる。

　人口減少と少子高齢化、そしてライフスタイルの多様化などによる新たなニーズの出現に対して、現代社会はどのように応答していけばよいだろうか。これまでの組織やつながりでは実現できなかったことにチャレンジするには、タテ割型の組織から脱し、もの・人・金・情報・ネットワークを限りある資源と捉え、これらの資源を効果的に活かす仕組みを新たに作り出す必要がある。そして地域の実状に応じて、地域自らが人材育成を担い、その必要性を地域住民が認識して協力しあうことが重要である。

　地域運営組織の設立や地域の人材育成は、自然に始まるわけではない。また自治のエリアについて、住民の判断が町域や市域でみた場合に適当かどうかの判断も難しい。こうしたときに、行政による地域支援の技術や後押しが必要となろう。近年、行政職員の地区担当制度や、住民同士や企業を含めた協働を進めるための包括補助金制度、市民的な対応が難しい専門的なニーズに応えるための専門機関等とのコーディネート技術など、行政による地域支援の経験が蓄積されつつある。これらの取り組みや制度を、先発地域と周辺地域の住民リー

コラム 5-7　　**地域運営を行うための新たな法人制度**

　今後の地域づくりを担うにふさわしい法人形態がないという理由から、島根県雲南市など４市が新しい法人形態を国に提案している。その仮称が「スーパーコミュニティ法人」である。地域運営を担う受け皿となる包括組織には、地域協議会や地域振興、地域運営組織などの様々な呼称があり、各組織には任意団体、地縁認可団体、NPO法人などがあるが、本章で見てきたようにそれぞれ課題がある。他に農事組合や漁協組合のような協同組合もあり、利益を目的としない一人一票の運営は理想的であるが、目的別の法律しかないため活動が制限される。「スーパーコミュニティ法人」はそれらの課題に応えるものとして構想されている。今後の動向に注目したい。

ダー同士、また近接自治体の行政職員同士で学びあう場が重要となろう。新しい時代の地域づくりに答えはなく、経験を分かちあい、進む方向を修正しながら歩むしかない。

地域づくりは 3 人いれば始められる。さあ、身近な仲間につぶやこう。近所に"あったらいいな"と思うことを！

▶ ブックガイド ◀

- **『友だちの数で寿命はきまる──人との"つながり"が最高の健康法』**（石川善樹、マガジンハウス、2014 年）「地域で役員をしている人ほど寿命が長い」などの事例から、"つながり"をつくり出すことこそが健康状態を維持し、幸福度を UP することを実証的に紹介。健康をキーワードに、地域づくりへのヒントが得られる。
- **『まちづくりの方法』**（まちづくり教科書第 1 巻）、（日本建築学会編、丸善出版、2004 年）まちづくりを進める際の担い手に関して、法人形態ごとの特徴、組織づくりの手順、地域づくり組織と市民・行政の協働のデザイン手法に関して、わかりやすくまとめてある。
- **『地域自治のしくみと実践』**（中川幾郎編著、学芸出版社、2011 年）わが国のコミュニティ政策の変遷と、それを受け止める地域づくり組織と活動の流れが時代を追ってわかりやすく整理してある。また、本章でも後半に取り上げた地域運営組織と地域分権の関係、さらには地域分権の類型についても先進自治体の事例とともに詳しく把握することができる。

引用・参考文献

Crenson, M. A.（1983）*Neighborhood Politics*, Harvard University Press.

経済産業省（2016）「地域を支えるサービス事業主体のあり方に関する研究会」第 5 回議事要旨　http://www.meti.go.jp/committee/kenkyukai/sansei/service_jigyo/005_giji.html（2018 年 2 月 27 日閲覧）

伊賀市・名張市・朝来市・雲南市（2014）「小規模多機能自治組織の法人格取得方策に関する共同研究報告書」

　http://blog.canpan.info/iihoe/img/1403_rmo_houjinka_final.pdf（2018 年 2 月 27 日閲覧）

もっと知りたい！Q&A
⑤ 組織のかたち

 Q1：性格の違う組織が持続的に協働していくためには？

エイジ：地域づくりを行うときに、組織的な性格の異なる自治会組織とNPOが連携・協働することがよくあります。この場合、両者の連携・協働の持続性を高めるにはどのような工夫や戦略が求められるでしょうか？

回答：自治会リーダーからは、NPOの活動について「自分の好きなことだけやっている」、一方NPOリーダーからは自治会の活動について「いつも同じことを繰り返しているだけ」というような声をよく聞きます。このすれ違いを解消するには、ビジョンの共有や強みを生かすために役割分担を語りあおう！という姿勢や、そのためのプロセスが重要でしょう。それ以外にも、相手をよく知る、事業途中で成果をよく確認しあうなど協働のコツはいくつかありますね。まずは、それぞれのリーダーが、お互いのことを認めあい、聴きあう機会をつくることが大切です。

また、多彩なサービス資源を住民自らが作り運営していく未来の地域社会を見据えたとき、それらの連携・協働が発展していくために重要なことのひとつは、「取り組む内容を、契約に基づく事業にすること」ではないでしょうか。具体的には、自治会がNPOに業務委託をする、協定書や申し合わせ書を作成するなどの方法があります。地域づくりを属人的なものに終わらせないための工夫ともいえそうです。

こんな事例がありました。ある自治会では、SNSを使った広報を含む、夏祭りイベントや敬老会行事の事務局を、同じ地域で活動する在宅福祉のNPOに年間50万円で委託しました。NPOは、自分たちの活動を自治会を通して全世帯に広報させてもらうことにしました。この契約内容を、業務委託書と役割分担を記した申し合わせ書に記載し、住民にもしっかり伝えました。こうすることで、強みと弱みを理解しあい、お互いに自立した組織としてパートナーシップを組むことができたという例です。

Q2：人材育成のプロセスや成果とは？

　「NPO法人きらりよしじまネットワーク」の人材育成の仕組み（図 5-5）ですが、推薦される「若者」とはどのような人たちなのでしょうか？　また、この仕組みの具体的な成果をいくつか紹介してください。

　回答：そもそも若者が少ない地域なので、経験や年齢の順に「（自治会長）どうだ。そろそろ推薦するよ」「（若者）OKッス」というようなやりとりのなかで決まっていくようです。その後は、地元の学校との地域連携事業、文化伝承イベント、若い農家と連携した六次化の担い手のサポートなどを行っています。こうした活動やつながりを楽しむ若者も少なくなく、志願して法人の事務局研修生になる人もいます。また各事業の継続的な担い手になることもあるようです。何より、人育ては地域の課題であり地域の人材は地域で育てるという認識を、住民リーダーや若者たちが共有できていることが、大きな成果といえるのではないでしょうか。

 Q3：「地域限定NPO」とはどういうものですか？

　地域住民「限定」のNPO法人（コラム 5-5）の話が出てきます。非常に興味深いのですが、具体的な事例があれば教えてください。

　回答：本章で紹介している、山形県のNPO法人きらりよしじまネットワーク（2007年設立）や広島県のNPO法人むらさくぎ（2009年設立）のほか、全国に増えつつあるようです。「地域限定」というのは、NPO法人の"サービスの対象"を限定的にするということと、"会員"を限定的にするという2つのタイプがあります。例えば前者では、「宇都宮市石井町1丁目〜3丁目」のように特定の地域をサービスの対象エリアとして限定することができます。後者では、「当該活動に理解があり、かつ、常時活動に参加できるもの」など一定の制限を設けて、会員資格を限定することができます。いずれの場合も、NPO法の「不特定かつ多数の者の利益の増進」に適合しているかどうかがポイントとなります。

第 5 章　組織のかたちをつくる　　161

Q4：地域の意見を集約する難しさをどう乗り越えられるでしょうか？

　地域との関わり方が、世代、職業、個人の価値観等によって多様化している現代社会において、地域の意見を集約すること（＝地域の代表となること）が難しいこともあると感じます。こういった問題に直面している自治会、あるいは問題を乗り越えようとしている自治組織があるようでしたら、教えてください。

　回答：自治会の加入率も低下し、地域代表機能はどうなるのでしょうね。大切なことは、地域のより多くの人たちが協力したほうがよさそうなことがあるのか、あるならば、誰かが調整役となって取り組んでいかなきゃならない、ということなんでしょうね。

　例えば、災害時支援、65歳以上の4人に1人はリスクがあるといわれる認知症の理解と見守り、子育て、清潔な環境づくり……どれも個人や一家族では解決できそうにない課題です。意見の集約という点では、多くの住民が自分ごとと思える活動に焦点を当てるとよいと思います。本書で紹介している、瀬谷区のおとなり場システムは参考になるでしょう。これは、自治会が主導した災害時支援の仕組みです。災害時は、自治会の会員であろうがなかろうが助けあう必要があるわけで、会員外の人たちも大勢、登録しています。自治会に非協力的だった人も、おとなり場システムへの登録と普段の交流を通して、自治会の重要性を感じて会員になったという例が少なくないようです。

> 「組織のかたち」のポイントは……
>
> ・協働の秘けつは、申し合わせ書をつくること
> ・地域の人材は地域で育てるという認識を共有する
> ・地域限定NPOは、「サービスの対象」限定か「会員」限定かの2タイプある
> ・多くの住民が自分ごとと思える活動を焦点にすると参加しやすい

第**6**章

都市と農村をつなぐ

霜浦森平

（高知大学地域協働学部 准教授）

写真 6-1 農家民宿での夕食（四万十川流域梼原町）。
里芋、鴨肉、アマゴ、ホイルの中はシイタ
ケと山菜。すべて近隣で取れたもの

　今日、全国各地の農村では、農村経済の活性化を目的として、農産物直売や加工・販売、農家民宿、農家レストラン、農村体験などの「農村ツーリズム」が活発に展開されている。農村ツーリズムでは、従来行われてきた大規模化、効率化を志向する農業生産や公共事業による地域発展とは異なり、地域資源がもつ固有性や多様性が評価され、オルターナティブな地域発展のあり方が模索されている。

　特に、農村ツーリズムにおいて地域内の関連産業との多角的な連携を強めることにより、地域内の産業再編・創出を促し、内発型の地域経済発展を促進する役割が期待されている（保母 1996）。また、地域経済が弱体化するなかで、農村ツーリズムは、地域経済の多角化においても重要な役割を有し、その役割発揮が望まれている（大江 2003）。さらに、農村ツーリズムによる地域固有資源の利用のプロセスを通して、地域資源を核とする新たな「地域経済圏」が促進されることも期待されている。農村ツーリズムの評価は、その経営条件に関する分析に加え、農村経済の多角化、新たな「地域経済圏」の構築といった、より総合的、かつマクロな視点から行われる必要がある。以上の視点を踏まえ、本章では、高知県四万十川流域の農村ツーリズムの取り組みについて紹介し、農村ツーリズムによる地域経済活性化を図るための制度設計や仕組みづくりのための素材を提供したい。

1 ▶ 四万十川流域の農村ツーリズム

　高知県四万十川流域の自治体（梼原町/津野町/中土佐町/土佐町/四万十市）では、流域の多様な地域資源（自然資源/文化資源/食・農村資源）を活用し、農家民宿、農家レストラン、農村・自然体験などの農村ツーリズム（コラム6-3参照）が活発に行われてきた。

　農村ツーリズムは、一般的な特徴としては、地域経営体（地域の農林水産業者、商工業者、関係団体より組織される経営体。コラム6-1参照）により取り組まれることが多い。しかし、山﨑（2008）が述べるように、高知県における農村ツーリズムは、地域経営型よりも個別経営型により担われる傾向にあることをその特徴として指摘することができる。その理由として、戦略的にグリーン・ツーリズムを推進しようとする市町村の取り組みが弱く、農林漁家民宿をはじめとする個人の努力に負っている地域が多いことが挙げられる。このような背景のもと、四万十川流域で展開されてきた個別経営による農村ツーリズムを流域単位で一体的に振興することを目的として、2006年に、流域内の34のツーリズム関連の事業体を会員とする「四万十すみずみツーリズム連絡会」が設立され、「四万十すみずみツーリズム」が推進されてきた。連絡会は、公益財団法人「四万十川財団」に事務局が設置され、財団職員が事務局機能を担い、事業所メンバーが会長、会計等の役職業務を担っている。活動のための財源として、主に県、市町からの公的補助金（それぞれ50%ずつ）が投入されている。また、会員の事業所メンバーは会費として年間2,000円を負担している。

　会員事業体の主な事業内容（業種）は、民宿業29件、飲食業3件、体験・アウトドア2件であり、民宿業を営む会員が多い。また、流域の5つの自治体のうち、特に梼原町、四万十市に在住の会員が多くなっている。

　連絡会では、会員事業体が主体となり、流域における農村ツーリズム振興のための様々な取り組みを行ってきた。連絡会の主な取り組みとしては、総会、役員会、連絡会（年4回程度）、研修・視察が挙げられる。これらに加え、会員メンバーによる統一看板づくり、HPの作成（**写真6-2**）、観光マップづくり

写真6-2 「すみずみツーリズム」の取り組み：体験民宿

出所）http://www.shimanto.or.jp/GT/10kamikoya/kamikoya.html

写真6-3 「すみずみツーリズム」連絡会によるマップづくり

出所）http://www.shimanto.or.jp/GT/map.html

（写真6-3）、スタンプラリーなどの取り組みを行ってきた。

　本章では、「四万十すみずみツーリズム」を事例として、取り組みの状況、地域資源（地域食材）の利用、地域ネットワークの形成、地域経済効果に着目しながら、四万十川流域を基盤とする農村ツーリズムによる地域づくりについて紹介する。なお、本章の記述は、関係機関への聞き取り調査、「四万十すみずみツーリズム」事業者への聞き取り調査とアンケート調査から構成されている。

2 ▶「四万十すみずみツーリズム」の取り組み

(1) 事業体の状況

　表6-1では「すみずみツーリズム」事業者の経営概要を示している。「すみずみツーリズム」事業者の事業内容は、民宿業（81％）、体験（67％）、飲食業

第6章　都市と農村をつなぐ　165

表 6-1 「すみずみツーリズム」事業者の経営概要

項　目	カテゴリ	件　数	構成割合 (%)
事業内容	民宿業	17	81.0
(N=21, 複数回答)	飲食業	6	28.6
	農産物・農産加工品の直売	4	19.0
	体験	14	66.7
	アウトドア施設	3	14.3
	その他	1	4.8
取り組んでいる	食品加工体験	3	21.4
体験メニュー	伝統工芸体験	2	14.3
(N=14, 複数回答)	農林漁業体験	9	64.3
	その他	2	14.3
営業形態	年間を通して営業	17	81.0
(N=21, 単一回答)	季節営業	4	19.0
来訪者数 (年間、平均、N=19)		1,438 人	
世帯従事者数 (平均、N=18)		2 人	
雇用従事者数 (平均、N=16)		2 人	

出所) アンケート調査より

（29％）、農産物・農産加工品の直売（19％）、アウトドア施設（14％）となっている。体験メニューの実施状況については、回答者（21人）のうち67％（14人）の事業主が何らかの体験メニューの提供を行っている。取り組んでいる体験メニューをみると、農林漁業体験（64％）が最も多く、以下、食品加工体験（21％）、伝統工芸体験（14％）の順となっている。営業形態は、年間を通して営業が81％と多く、来訪者数（年間、平均）は1,438人となっている。また、経営の従事者数（平均）については、世帯従事者数、雇用従事者数ともに2人となっている。

　「すみずみツーリズム」事業者は、主に民宿業、飲食業、アウトドア事業を行う事業者が多く、多くの事業者（67％）が体験メニューの提供を行っている。体験メニューの例としては、川遊び、川エビ・カニ採り体験、アマゴ・ツガニ採り体験、魚釣り体験、紙漉き体験、木工体験、野草観察、クラフト体験、農作業体験、木登り体験、カヌー体験、星空ウォッチング体験、山仕事、五右衛門風呂焚き体験などが挙げられ、四万十川流域の多様な資源を活用した体験プログラムが提供されている。

> ### コラム 6-1 「地域経営体」とは
>
> 　地域経営体とは、「地域の技術・労力・賃金・原材料等の生産資源を活かした経済事業により地域社会を維持することを目的とし、地域の農林水産業者、商工業者、関係団体より組織される経営体」と定義されている（宮崎 2002）。自治会などの地域自治を目的とする組織とは異なり、経済事業を行うために設立される地域組織として理解可能である。
>
> 　地域経営型の農村ツーリズムの特徴として、次の 3 つの条件を指摘することができる。第 1 に、地域づくりを経営の目標にしていることである。ここでの地域づくりとは、コミュニティづくりと同じ意味で用いており、自治機能の再編、高齢者福祉など、社会公益性の高い経済事業が志向される。第 2 に、個人経営や行政による経営ではなく、会社法人、農事組合法人、NPO 法人、任意団体など、集団的な経営が行われていることである。第 3 の条件は、組織メンバーの居住地が、集落、旧村、市町村などを基準として地域的にまとまっている、ということである。
>
> 　都市農山漁村交流活性化機構（都市と農山漁村の交流促進、農山漁村の六次産業化、および農山漁村地域の活性化に関する調査研究・開発、普及啓発、人材育成及び関係組織との連携・協力・支援等を行う一般財団法人）が行った調査（平成 12 年度「都市農村交流拠点としての農家レストランと地域経営型グリーン・ツーリズム」）では、農家レストランの運営主体は、個別事業体（農家）が 25％を占めるのに対し、農家グループ、農業生産法人、株式会社などのグループによる事業体が 45％ほどを占めている。これらのグループ事業体のなかには、地域農家や地域住民が構成メンバーとなり設立されている地域経営体の事例が多くみられる。

（2）地元食材利用の状況と課題

1）地元食材利用の状況

　「すみずみツーリズム」事業者が、四万十川流域地域で生産・製造された食材を民宿の朝食や夕食、レストランでどれくらい利用しているのかをみてみる。流域で生産・製造された地域食材の利用状況については、「かなり利用している」81％、「ある程度利用している」19％となっており、流域地域の食材利用を積極的に行っている。また、「すみずみツーリズム」事業者自身が生産

第 6 章　都市と農村をつなぐ　167

した食材（自家生産食材）の利用状況については、「かなりある」53％、「ある程度ある」26％とする事業者が多い。自家生産食材の内容については、「林産物」80％、「青果物」65％、「米」60％が多い。8割近くの「すみずみツーリズム」事業者が、米、青果物、林産物などの食材を自家生産し、食材として積極的に利用している。

2）地元食材利用をめぐる課題

　表6-2 は、事業者が四万十川流域地域の地元食材の仕入れを増やすとき、どのような項目がどの程度問題となるのかについて、5段階評価（「かなり問題になる」（5点）～「まったく問題にならない」（1点））の平均値で示している。「必要な量を仕入れるのが難しい」（2.895）、「価格が高い」（2.737）、「年間を通した安定的な仕入れが難しい」（2.579）といった項目が課題として認識されていることがわかる。一方、課題としてそれほど認識されていない項目は、「地元食材を手に入れられる場所が遠いため、利用しにくい」（2.263）、「地元食材を生産・製造している業者や人を知らない」（2.263）、「お客さんに勧めたり、PRできる地元食材がわからない」（2.000）、「地元食材の調理方法・利用方法をよく知らない」（1.947）、「料理に合う地元食材がない」（1.895）の5項目である。これらの項目は、食材へのアクセスの容易さ、あるいは利用方法についての項目であり、これらの項目についての課題としての認識度は低い。

　上述した通り、「すみずみツーリズム」事業者は流域地域の食材を積極的に利用しており、食材利用をめぐるローカルフードシステム（＝地域内における

表6-2　四万十川流域地域の地元食材の仕入れの課題

項　目	評　点
必要な量を仕入れるのが難しい	2.895
価格が高い	2.737
年間を通した安定的な仕入れが難しい	2.579
地元食材を手に入れられる場所が遠いため、利用しにくい	2.263
地元食材を生産・製造している業者や人を知らない	2.263
お客さんに勧めたり、PRできる地元食材がわからない	2.000
地元食材の調理方法・利用方法をよく知らない	1.947
料理に合う地元食材がない	1.895

出所）アンケート調査より
注）評点は、下記の通り5段階評価の平均値（N=19）。（「かなり問題になる」（5点）～「まったく問題にならない」（1点））

> ### コラム 6-2　農村ツーリズムの課題
>
> 　1992 年の「グリーン・ツーリズム研究会中間報告」（農林水産省構造改善局）を皮切りに、わが国のグリーン・ツーリズムは、農村振興ツールとして政策的に位置づけられ、全国各地で活発な取り組みが展開されてきた。
>
> 　わが国の農村ツーリズムは政策的に導入されたこともあり、行政主導から民間主導への転換が大きな課題となっている。この課題を克服するための対策として、人材の育成、推進体制の組織的整備の必要性が指摘できる。人材の育成に関しては、地域資源をマネジメントし、多様な人材を活かしきるコーディネート力をもった人材の確保、サービス産業に不慣れな農家の教育、都市住民（U ターン者や移住者）との協力体制づくりなどが具体的な課題となる。推進体制の組織的整備については、地域連携・ネットワーク化（近隣市町村連携／広域推進連携／消費者との連携）を取り組み課題のひとつとして指摘できる。わが国の農村ツーリズムは、集落や旧村といった範域を単位として取り組まれる場合が多い。しかし、経営的資源の制約などにより、集落や旧村といった経営単位では持続的な事業が困難化している事例もみられる。広域連携による新たな推進体制の構築が急務となっているといえる。また、農村ツーリズムは、農業、環境、教育、福祉など、様々な経済・社会問題領域と密接に関わりあいながら、それぞれの問題領域との接点において取り組みが行われている。このように、農村ツーリズムの事業内容は多様であり、地域経済や地域生活、あるいは地域環境分野の見地から、より総合的に農村ツーリズムを評価することが不可欠といえる。

生産 – 加工 – 販売の仕組み）が形成されている。地域食材へのアクセス、あるいは食材の利用方法についての課題はそれほど顕在化していないといえる。一方で、食材の仕入れ量、価格、安定仕入れといった地域食材利用の際に一般的に課題として顕在化しやすい項目が、流域地域においても課題として認識されている。

(3)「すみずみツーリズム」の多様な担い手

　「すみずみツーリズム」の担い手として、個人経営による取り組み事例（「生きがい型」/「女性起業型」）、および農家グループ（「新商品開発志向型」/「伝統食利用志向型」）による取り組み事例について紹介する。特に地元食材の利用

状況に着目しながら述べていく。

1）個人経営による取り組み事例

表6-3は、個人経営による「すみずみツーリズム」の代表的な取り組み事例（事業体A、事業体B）を示している。

事業体Aは、宿泊業を主な業種としており、年間の売上額はおよそ63万円である。売上額からみた経営規模は小さいが、事業主本人は売上額を増やす意識はなく、むしろ、続けられる範囲内で、楽しく事業に取り組むことを重視している。事業体Aは「生きがい型」と位置づけることができる。事業体Aの経営耕地面積は水田10a、畑5aであり、ツーリズム事業の宿泊客への食事の食材として、米、野菜、林産物等を自家生産（あるいは自家採集）している。ツーリズム事業で利用する地元食材仕入れの地域的範囲は、事業主が居住する栂原町が中心であり、地元食材利用率はおよそ82％となっている。主な品目別の地元食材の利用率は、米100％（すべて自家生産）、野菜60％（栂原町内小売店、直売所より仕入れ）、肉類95％、鹿肉・栂原赤牛・キジ肉100％となっている。

表6-3 個人経営による取り組み事例

項　目	事業体A 「生きがい型」	事業体B 「女性起業型」
業　種	宿泊業	飲食業、宿泊業
売上額（年間）	63万円	1,106万円
事業主の耕地面積	水田10a, 畑5a	水田60a、畑40a、茶園5a、ゼンマイ80a、シイタケ（ほだ木4万本）
自家生産食材	米、野菜、林産物	米、青果物、卵、加工食料品
地元食材仕入れの主な地域的範域	栂原町 （事業主の居住地域）	栂原町 （事業主の居住地域）
地元食材利用率 （食材全体、仕入れ額ベース）	82.0％	84.8％
地元食材利用率 （主要なもの）	✔ 米　100％自家生産 ✔ 野菜　60％（栂原町内小売店、直売所より） ✔ 肉類　95％ ✔ 鹿肉、栂原赤牛、キジ肉100％	✔ 耕種　90％ ✔ 畜産　74.5％ ✔ 林産物　91％ ✔ 魚介類　93％ ✔ 加工食料品　62％ ✔ 飲料　75％

出所）事業体への聞き取り調査、アンケート調査より

次に、事業体Bは、飲食業と宿泊業を主な業種としており、売上額（年間）はおよそ1,106万円で、事業体Aと比べると経営規模が大きいことがわかる。事業体Bの事業主の女性は、地域で中心的な役割を担ってきた住民であり、自治体からの地域経済活性化施策の補助を受けるかたちで事業を起業している。所得機会として明確にツーリズム事業を認識していることから、事業体Bは「女性起業型」として位置づけることができる。事業体Bの経営規模は水田60a、畑40a、茶園5a、ゼンマイ生産80a、シイタケ生産のためのほだ木4万本であり、ツーリズム事業の宿泊客、飲食店来訪客への食事の食材として、主に、米、青果物、卵、加工食料品を自家生産している。ツーリズム事業で利用する地元食材仕入れの地域的範囲は、事業体Aと同様に事業主が居住する梼原町が中心であり、地元食材の利用率はおよそ85％となっている。主な品目の地元食材の利用率は、耕種90％、畜産75％、林産物91％、魚介類93％、加工食料品62％、飲料75％となっている。

2）農家グループによる取り組み事例

　表6-4は、農家グループによる「すみずみツーリズム」事業の取り組み事例（事業体C、事業体D）の取り組み状況を整理している。いずれの事業体も、集落単位で、農家グループによるツーリズム事業に取り組んでいる。

　まず、事業体Cは、飲食業・食品加工販売を主な業種としており、売上額（年間）は、140万ほどである。事業体Cは、漬物やドレッシングを中心として、新たな地域特産加工食品の開発に取り組み、ツーリズム事業でのこれらの食品の活用を図ってきた。事業体Cは、「新商品開発志向型」と位置づけることができる。事業体Cは集落の農家メンバー10名により運営されており、メンバーの耕地面積は、20a～100aの間でばらついている。これらの農地では、ツーリズム事業のための食材の自家生産が行われており、主に米がツーリズム事業に供給されている。また、林産物も自家採集され、食材として利用されている。地元食材仕入れの地域的範囲は、主に農家グループが居住する集落、および自治体（梼原町）であり、これらの範囲からおよそ82％の食材が調達されている。利用される主な食材の地元食材利用率は、米100％、野菜類60～70％、卵60～70％、牛肉少量、山菜（ゼンマイなど）100％となっている。

第6章　都市と農村をつなぐ　171

表 6-4　農家グループによる取り組み事例

項　目	事業体 C 「新商品開発志向型」	事業体 D 「伝統食利用志向型」
業　種	飲食業・食品加工販売	飲食業
売上額（年間）	140 万円	723 万円
メンバーの人数	農家 10 名	農家 6 名
メンバーの耕地面積	20a～100a （最大値と最小値）	60～70a （農家 1 戸あたり平均値）
自家生産食材	米、林産物	米、青果物、林産物、魚介類、食料品
地元食材仕入れの 主な地域的範囲	集落＋梼原町 （事業主の居住地域）	集落＋四万十市 （事業主の居住地域）
地元食材利用率 （食材全体、仕入れ額ベース）	82.2%	77.0%
地元食材利用率 （主要なもの）	✔ 米　100% ✔ 野菜類　60～70% ✔ 卵　60～70% ✔ 牛肉　少量 ✔ 山菜等：ゼンマイ 100%	✔ 米　67% 　（年間 128 万円ほど） ✔ 魚介類　100%

出所）事業体への聞き取り調査、アンケート調査より

　次に、事業体 D は、飲食業を主な業種としており、売上額（年間）はおよそ
723 万円である。事業体 D は、地域で伝統的に食されてきた家庭料理
（皿鉢料理）を飲食店のメニューとして活用し、地域の伝統的な食文化のツー
リズム資源としての内部化をめざしている。事業体 D は、「伝統食利用志向
型」と位置づけることができる。事業体 D は集落の農家 6 名のメンバーによ
り取り組まれている。メンバーの耕地面積（平均）は、およそ 60～70a であ
り、米、青果物などを中心として、ツーリズム事業のための食材の自家生産を
行っている。また、これ以外のツーリズム事業のための食材の自家生産とし
て、林産物や魚介類の自家採集、食料品の加工を行っている。一方、食材の仕
入れについては、地元食材利用率は 77％ほどであり、主に居住する集落、お
よび自治体（四万十市）から仕入れを行っている。主な地元食材の利用率は、
米 67％、魚介類 100％となっている。

3）ローカルフードシステムの形成

　以上のように、「すみずみツーリズム」の事業者は、居住地域の集落、ある
いは市町村を主な範域として、地元食材の仕入れを行っている。「すみずみ

ツーリズム」の事業者は、居住地域を中心として流域自治体からの食材調達を積極的に行っているといえる。

表6-5では、ツーリズム事業者全体の流域自治体からの食材の調達の状況（推計値）について整理している。なお、データは、事業者へのアンケート調査から得ており、得られたデータを用いて事業全体の値を推計している。表内には、業種別の食材仕入れ額の内訳（全体/流域内）、および流域内調達率が示されている。全体（流域内＋移輸入）、および流域内別の食材の仕入れ額（年間）は、飲食業（農家レストラン）では、全体およそ720万円、流域内およそ580万円であり、宿泊業（農家民宿）では、全体およそ700万円、流域内およそ510万円となっている。飲食業と宿泊業を合わせた合計の食材仕入れ額は、全体1,420万円であり、このうち流域内1,090万円となっている。部門別の仕入れ額をみると、全体的には、農業、食品製造業、漁業、林業の順に大きくなっている。

流域内からの食料仕入れ額に関するこれらのデータから流域内調達率を算出すると、利用される食材全体のうち77％が流域内から調達されている。また、部門別の流域内調達率は、農業85％、林業85％、漁業84％、食品製造業59％となっており、農林漁業部門の流域内調達率が特に高い。

以上のように、「すみずみツーリズム」事業により、流域自治体内では、流

表6-5 「すみずみツーリズム」における食材の域内調達の状況

仕入先	食材仕入れ額の内訳（年間、100万円）						流域内調達率②/（①＋②）
	飲食業（農家レストラン）		宿泊業（農家民宿）		合計		
	流域＋移輸入	流域	流域＋移輸入	流域	流域＋移輸入①	流域②	
農　業	4.6	4.1	3.0	2.4	7.7	6.5	84.9%
林　業	0.2	0.2	0.5	0.4	0.7	0.6	84.8%
漁　業	0.7	0.6	0.7	0.6	1.4	1.2	84.1%
食品製造業	1.7	0.9	2.7	1.7	4.4	2.6	59.4%
合　計	7.2	5.8	7.0	5.1	14.2	10.9	76.9%

出所）アンケート調査より
注）「飲食業」は飲食業を主とするツーリズム事業者、「宿泊業」は宿泊を主とするツーリズム事業者

> ### コラム6-3　農村ツーリズムの動向
>
> 　表6-6は、都市農山漁村交流活性化機構が2003年に実施した公的な農村ツーリズム関連施設に関する活動実績動向に関する調査結果をまとめている。アクティビティは大きく5つ（宿泊・滞在、購買・飲食、体験学習、保養・休養、鑑賞・探勝）に分類される。「宿泊・滞在」には公的宿泊施設、キャンプ場、滞在型市民農園が含まれ、「購買・飲食」には、農産物直売などの直販施設、郷土・創作料理などの飲食施設が含まれる。「保養・休養」には、スポーツ・レクリエーション活動、温泉などが含まれ、「鑑賞・探勝」には、農村文化伝承施設、資料館、美術館、伝統的町並みなどが含まれている。
>
> 　総施設数は6,955件、年間売上総額は1,505億円、年間の総入込客数は1億4,536万人となっている。1事業体あたり（平均）では、売上額2,164万円、入込客数は約2万人となっている。
>
> **表6-6　公的農村ツーリズム事業体(注)のアクティビティ別の動向**
>
> | アクティビティ | 件　数 | 年間売上額
（億円） | 年間入込客数
（万人） |
> |---|---|---|---|
> | 宿泊・滞在 | 3,333 | 341 | 1,354 |
> | 購買 | 1,018 | 731 | 7,801 |
> | 飲食 | 681 | 237 | 1,988 |
> | 体験学習 | | | |
> | 　うち、食品加工 | 352 | 19 | 268 |
> | 　うち、伝統工芸 | 219 | 10 | 140 |
> | 　うち、農林漁業 | 545 | 28 | 424 |
> | 保養・休養 | 265 | 124 | 1,814 |
> | 鑑賞・探勝 | 542 | 15 | 747 |
>
> 注）全国1,152市町村を対象とし、市町村、農協などが独自、または国の補助事業を活用するなどにより整備し、運営・管理する（委託も含む）施設
> 出所）『数字でわかるグリーン・ツーリズム』（都市農山漁村交流活性化機構、2005年）

域内調達率の高い農林漁業部門を中心として、取引額ベースで1,000万円近くのローカルフードシステムが形成されている。

(4)「すみずみツーリズム」による流域ネットワークの形成

　ここでは、「すみずみツーリズム」の事業者はどのようなネットワークを形成しながら事業を展開しているのかについて整理する。また、事業者が形成す

るネットワークが流域経済の活性化にどのように貢献しているのか（あるいは貢献が期待できるのか）について述べる。

1）ネットワークの分類

図6-1の左側は、「すみずみツーリズム」事業者が形成している主なネットワークについて整理している。ツーリズム事業者は、事業の展開において流域をベースとする多様なネットワークを形成してきた。このネットワークの主な相手は、流域内事業者、利用客、海外観光業者、社会活動団体に分類できる。

2）流域内事業者とのネットワーク

流域内事業者とのネットワーク形成では、地域の農林水産業、農林水産物生産・加工グループ、直売所、道の駅、飲食店など、ローカルフードシステム形成の基盤となるネットワークを指摘できる。また、「すみずみツーリズム」事業体のひとつは、土佐くろしお鉄道との協働による体験型流域観光ツアーに取り組んでおり、域内の鉄道事業者とのネットワークが形成されている。さらに「すみずみツーリズム」事業者間の連携による新たな域内観光ルートづくりの取り組みが行われつつある。「すみずみツーリズム」事業者間のネットワーク化が進んでいる。

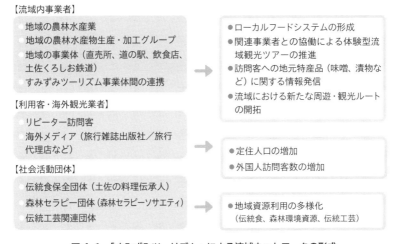

図6-1 「すみずみツーリズム」による流域ネットワークの形成
出所）すみずみツーリズム事業者への聞き取り調査より

第6章 都市と農村をつなぐ

3）利用客とのネットワーク

　利用客とのネットワーク形成では、リピーター訪問客とのネットワークを指摘できる。例えば、「すみずみツーリズム」へのリピーター訪問客の一部（数名）は流域地域へ移住している。これらの移住者は、「すみずみツーリズム」事業者との間で形成したネットワークを活用しながら様々な情報を収集し、移住に関する意思決定を行っている。リピーター訪問客とのネットワークの形成により、「すみずみツーリズム」事業者は移住のための相談窓口としての機能を発揮している。農村地域への移住では、住居の確保、地域社会との関係づくりなど、移住希望者は転入前後で多くの課題に直面することになる。これらの課題を解決するため、国、地方の自治体では様々な政策的支援を用意している。これに加えて、地域に居住している住民からの情報が、移住希望者の意思決定において重要な判断材料になると考えられる。「すみずみツーリズム」事業者への聞き取り調査から、農村移住希望のリピーター訪問客の移住に関する相談窓口としてツーリズム事業者が重要な役割を果たしていることが明らかとなっている。

4）海外観光業者とのネットワーク

　訪問客は国内からのみではなく、海外からの人数が増加している。この要因として、海外の旅行雑誌出版社や旅行代理店とのネットワーク形成を指摘できる。この例として、夫が外国人（ヨーロッパ出身）である事業主の例を取り上げる。この事業主は、夫が有するネットワークを活用してヨーロッパの出版社や旅行代理店に観光情報の発信を依頼し、海外観光客の誘致を図っている。また、誘致した外国人訪問客の他の「すみずみツーリズム」事業者への紹介も行っている。

5）社会活動団体とのネットワーク

　社会活動団体とのネットワークの形成では、①伝統食保全団体（土佐の料理伝承人）、②森林セラピー団体（森林セラピーソサエティ）、③伝統工芸関連団体とのネットワークを指摘できる。

① 伝統食保全団体とのネットワーク

　「すみずみツーリズム」の担い手として紹介した事業体 D（**表6-4**）では、記

述した通り、地域で伝統的に食されてきた家庭料理（皿鉢料理^{（さわちりょうり）}）を飲食店のメニューとして活用している。これらの地域の食文化を経済活動につなげていくための起爆剤となっているのが「土佐の料理伝承人」制度である。この制度は高知県により 2005 年より始められた取り組みであり、高知県内の各地域で郷土料理について卓越した知識・技術等を有し、伝承活動等に取り組んでいる人・団体を「土佐の料理伝承人」として認定し、支援することを目的としている。「土佐の伝承人」に認定されると、地産地消フェア、県民等や児童・生徒を対象とした郷土料理伝承講習会などでの普及活動、認定団体（県内 50 団体）との交流会への参加機会が得られる。これらの活動への参加を通して、様々な関係団体とのネットワークが形成される。事業体 D は「土佐の料理伝承人」に認定され、この認定を通して関連する諸団体とのネットワークの形成を行っている。このネットワーク形成は、「すみずみツーリズム」事業の広報効果や集客効果を期待できるだけでなく、伝統的な食文化を保全する担い手としての役割や機能を高めることを可能としている。事業体 D の取り組みは、単にツーリズム事業であるだけではなく、地域の伝統的な食文化の保全活動として捉えることが可能である。事業体 D は多面的な役割を発揮しているといえる。これらの多面的な役割発揮を支える基盤として、「土佐の料理伝承人」制度を通した関連主体とのネットワークの形成が重要な役割を果たしていると考えることができる。

② 森林セラピー団体とのネットワーク

「森林セラピーソサエティ」による森林セラピーロードに認定されている梼原町内地区では、セラピーロード訪問者の宿泊施設としての役割を「すみずみツーリズム」事業者が担っている。この事業者は、訪問客を受け入れるのみでなく、セラピーロードの普及促進活動の一翼を担う取り組みも展開している。

③ 伝統工芸関連団体とのネットワーク

また、別の「すみずみツーリズム」事業体では、ツーリズム事業と同時に和紙の製作・販売を行っている。和紙の製作・販売を通して、関連する伝統工芸団体とのネットワークが形成されている。これらのネットワークの形成が、事業者のツーリズム事業の展開（集客効果、広報効果、和紙の製作体験プログラ

第 6 章　都市と農村をつなぐ　177

ムの提供など）において大きな役割を果たしている。

6）流域ネットワークの形成と地域経済活性化

　以上述べたように、「すみずみツーリズム」事業者が形成するネットワーク
は、流域経済の活性化へ少なからず貢献すると同時に、事業の将来的な基盤強
化のための社会的な仕組みとしての役割発揮が期待できる。**図6-1** の右側に
示す通り、流域事業者とのネットワークの形成により、ローカルフードシステ
ムの形成、関連事業者との協働による体験型流域観光ツアーの推進、訪問客へ
の地元特産品（味噌、漬物など）に関する情報発信、流域における新たな周
遊・観光ルートの開拓といった取り組みの促進に貢献している。訪問客や海外
メディアとのネットワークの形成は、将来的な定住人口の増加、外国人訪問客
の増加による新たなツーリズムマーケットの創出の面で大きな貢献が期待でき
る。社会活動団体とのネットワークの形成については、地域の伝統食、森林環
境資源、伝統工芸といった流域地域に賦存する多様な地域資源のツーリズム商
品としての活用の促進に貢献している。

3 ▶「すみずみツーリズム」による地域経済効果

　この節では、「すみずみツーリズム」による地域経済効果について述べる。

（1）地域経済効果の定義とシミュレーションのシナリオ

　「すみずみツーリズム」による経済効果は、3つ（「第一次生産誘発効果」「第
二次生産誘発効果」「所得誘発効果」）に分類することができる（**図6-2**）。「第一次
生産誘発効果」は、「すみずみツーリズム」への最終需要の増加により、関連
する流域地域内の産業（原材料を供給する農林水産業などの事業体、施設の維
持管理を担う事業体など）が活性化し、この結果、地域にもたらされる経済効
果である。「第二次生産誘発効果」は、「第一次生産誘発効果」により発生する
新たな雇用者所得の増加がもたらす流域地域内での家計消費の増加により、関
連する流域地域内の産業（小売業、飲食業、娯楽業、対個人サービス業など）
が活性化し、この結果、地域にもたらされる経済効果である。「所得誘発効果」

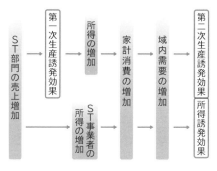

図6-2 「すみずみツーリズム」による経済効果

は、「すみずみツーリズム」への最終需要の増加により発生する「すみずみツーリズム」事業者、および雇用者の所得の増加がもたらす流域地域内での家計消費の増加により、関連する流域地域内の産業（小売業、飲食業、娯楽業、対個人サービス業など）が活性化し、この結果地域にもたらされる経済効果である。

　これらの経済効果のうち、本章では、生産誘発効果（＝第一次生産誘発効果＋第二次生産誘発効果）に絞って話を進める。具体的には、「すみずみツーリズム」事業体が事業に必要となる財やサービスを調達する際に、流域地域の産業からより多くの財やサービスを調達した場合に、生産誘発効果額がどのように変化するのかについてシミュレーションを行う。

　シミュレーションでは3つのシナリオ（「現状型」「域内循環型」「地域食資源利用なし」）を設定する。「現状型」は、流域地域産業からの財やサービスの調達を変化させない設定である。「域内循環型」のシナリオでは、流域内の主要産業（農・林業部門、飲食料品製造業部門、電気・ガス・熱供給部門、水道・廃棄物処理部門など）からの財やサービスの調達はすべて域内産業との取引により行われると仮定される。「地域食資源利用なし」のシナリオでは、「すみずみツーリズム」部門への食材（農林水産物、加工食料品）の供給がすべて流域外から行われる。「すみずみツーリズム」と地域産業との財やサービスを通した連関の強さは、「地域食資源利用なし」、「現状型」、「域内循環型」の順に大きくなる。言い換えれば、「地域食資源利用なし」、「現状型」、「域内循環

コラム 6-4 農村ツーリズムに対する意識調査

表6-7 は、都市農山漁村交流活性化協議会が 2005 年に実施した都市住民（首都圏 30km 圏内に居住する 40 歳以上 70 歳未満の男女）を対象とした都市農村交流に関する意識調査結果（回答者数 921 件）の一部を載せている。「農村の新鮮な空気やきれいな水に触れてリフレッシュ」「農村で、新鮮でおいしい食べ物や郷土料理を楽しみたい」「農村や地域でのんびりとした時間を過ごしてみたい」といったニーズが高いことがわかる。一方で、市民農園や農林業体験に対するニーズはそれほど高くない。市民農園や農林業体験の取り組みは、多くの利用者は期待できないかもしれないが、少数の利用者からのニーズに応えるものとして、重要な役割を果たしている。市民農園の場合、都市住民が継続的に農村に訪問しサービスを利用するという特徴がある。このため、リピーター獲得において、市民農園の果たす役割は大きいといえる。また、農林業体験の場合、地域の農家や住民と直接関わり、より深い交流を行うことが期待できる。都市住民が農村の住民と交流を深めるためのツールとして、農林業体験の役割は大きいと考える。少数ではあるが、より深く農村や農業と関わりたいと志向する都市住民の受け皿として、農林業体験や市民農園の整備を行う必要がある。

表 6-7　都市住民が望む農村との関わり方

項　目	回答割合（%）
農村の新鮮な空気やきれいな水に触れてリフレッシュ	57.8
農村で、新鮮でおいしい食べ物や郷土料理を楽しみたい	55.5
農村や地域でのんびりとした時間を過ごしてみたい	42.6
安全な農産物を直接購入したい	38.5
レジャーや体験のため、農村地域を旅行したい	37.2
都市と農村を行き来するような生活をしてみたい	25.7
市民農園等で、家庭菜園をしてみたい	22.4
子どもや孫に農業や農村を体験させたい	21.7
農家の人たちと気軽に交流したい	21.4
休日等に農業や林業の手伝いをしたい	9.9
将来は農村に移住したい	8.8
自分で農業をやってみたい	7.1
農村の資源や環境を活用したビジネスを興してみたい	3.8
その他	2.7
特に関わりを持ちたいとは思わない	10.2

出所）『数字でわかるグリーン・ツーリズム』（都市農山漁村交流活性化機構、2005 年）

型」の順に生産誘発効果額は大きくなる。

　なお、「すみずみツーリズム」による生産誘発効果額の計測手法については、霜浦（2016）において詳細に述べているので参照されたい。また、経済効果の計測は産業連関分析という計量経済学的手法を用いて行われる。産業連関分析を用いた農村ツーリズムの経済効果に関する主な研究として、藤本（2000）、栗原・大江（2002）、霜浦・宮崎（2002）、霜浦・坂本・宮崎（2004）が挙げられる。

(2)「すみずみツーリズム」による経済効果

　表6-8は、「すみずみツーリズム」による経済効果を、「現状型」「域内循環型」「地域食資源利用なし」に分けて示している。直接効果額5,316万円（＝観光客がすみずみツーリズム施設に支払った金額）に対して、「現状型」「域内循環型」「地域食資源利用なし」の生産誘発効果額（以下、誘発額）は、それぞれ2,201万円、2,650万円、807万円となった。直接効果額に対する誘発倍率は、「現状型」0.414倍、「域内循環型」0.498倍、「地域食資源利用なし」0.151倍であった。

　「すみずみツーリズム」による経済効果の特徴として、以下の点を指摘できる。第1に、シミュレーションのシナリオ間での誘発額を比較すると、「地域食資源利用なし」と「現状型」の間では1,394万円誘発額が増加し、「現状型」と「域内循環型」の間では449万円増加している。第2に、シミュレーションのシナリオ間での誘発倍率を比較すると、「地域食資源利用なし」の誘発倍率に比べ「現状型」では0.263ポイント増加し、「現状型」の倍率に対して「域内循環型」は0.084ポイント増加している。

　まとめると、「すみずみツーリズム」事業体の地域食資源利用により（「地域

表6-8　「すみずみツーリズム」による経済効果

項　目	現状型	域内循環型	地域食資源利用なし
直接効果額(A)	5,316万円	5,316万円	5,316万円
生産誘発効果額(B)	2,201万円	2,650万円	807万円
誘発倍率(B/A)	0.414	0.498	0.151

食資源利用なし」→「現状型」への変化）、1,394万円分の経済効果が追加的にもたらされることが示されている。そして、「すみずみツーリズム」事業体が流域内の主要産業（農・林業部門、飲食料品製造業部門、電気・ガス・熱供給部門、水道・廃棄物処理部門など）からの財やサービスの調達をすべて域内産業との取引により行うと仮定した場合（「現状型」→「域内循環型」への変化）、449万円分の経済効果が追加的にもたらされる。

4 ▶ 農村ツーリズムによる地域づくりの方向性

　本章では、「すみずみツーリズム」の取り組みを事例として、取り組みの状況、地域資源（地域食材の利用）の利用、地域ネットワークの形成、地域経済効果に着目しながら、四万十川流域を基盤とする農村ツーリズムによる地域づくりについて紹介した。特に、「すみずみツーリズム」の取り組みのなかで形成されてきたローカルフードシステムにより一定の地域経済効果が生み出されていることを紹介するとともに、ローカルフードシステムの仕組みを変える（＝流域地域の食資源利用を増やす）ことで生じる地域経済効果について述べた。以下では、四万十川流域を基盤とする農村ツーリズムによる地域づくりの今後の方向性について、3つの視点から述べていく。

(1) ローカルフードシステム形成のための制度設計の必要性

　分析において指摘した通り、流域地域の食資源を利用することにより、利用しない場合に比べ、1,394万円の追加の経済効果を地域にもたらしている。この食資源の利用による地域経済効果は、流域の食関連産業の活性化にもつながっており、「すみずみツーリズム」による経済効果の63％近くが食関連産業（1次産業、食料品製造業）で発生している。「すみずみツーリズム」による流域地域の食材利用は、流域地域のフードシステムの形成と活性化を促進している。「すみずみツーリズム」による経済効果をより高めていくためには、ローカルフードシステム形成を促進するための制度設計が求められる。

　「すみずみツーリズム」事業体へのアンケート調査結果から、流域地域の食

材を利用する際に直面する問題として、必要な量を確保できないこと、通年的な仕入れが難しいこと、価格が高いことの３つが特に大きな問題となっていることが示されている。「すみずみツーリズム」事業体で利用される食材は、集落、あるいは近隣の農家、道の駅、食品スーパーから調達される場合が多い。どちらかというとローカルな流通経路を利用した食材仕入れを行っていることを特徴として指摘できる。活用されている流通経路がローカルであるため、必要な量の確保が難しい、あるいは通年的な仕入れが難しい、といった問題に直面しやすいといえる。こういった問題を解消するためには、食材の流通経路を広域化していくことが求められる。

　一方、広域的な流通経路形成のボトルネックのひとつとして、四万十川流域の道路条件の悪さ、アクセシビリティの低さを指摘できる。この点については、聞き取り調査時にも、事業者が何度も指摘を行っている。例えば、四万十川流域の国道は、流域の山間部を縫って走るため、道路幅も狭く、アクセシビリティの悪さを引き起こしている。このアクセシビリティの悪さは、四万十川流域のもつ「秘境」としての観光資源的価値を高める要因にもなっていることは指摘するまでもない。ただし、アクセシビリティの悪さは、流域内の自治体を分断することとなり、このことが広域流通形成のボトルネックとなっている。道路条件の整備、食材の広域流通を支える拠点整備のための政策的支援が求められている。

　拠点整備に関しては、道の駅などの既存の流通拠点の活用が望ましいと考える。例えば、道の駅に関しては、四万十川流域市町には５つの道の駅（ゆすはら（梼原町）、布施ヶ坂（津野町）、あぐり窪川（四万十町）、四万十大正（四万十町）、四万十とおわ（四万十町））が整備されている。道の駅は直売所の併設により、ローカルフードシステム形成の拠点となっているが、道の駅間の連携、関連するツーリズムビジネスとの連携による、より広域的なフードシステム形成のための拠点としての機能を十分にもちあわせているとは言い難い。四万十川流域の広域的なフードシステム形成の拠点として道の駅の機能／役割の拡大（物流拠点としての機能強化、四万十川流域ブランドの推進など）を図ることが必要であると考える。

第６章　都市と農村をつなぐ　183

(2) ツーリズム市場拡大のための戦略

　現在の「すみずみツーリズム」の市場規模は、年間売上額ベース（推計）で5,300万円であり、非常に規模の小さい取り組みとなっている。個々の事業体の年間売上額は、事業体間の相違が大きく、20万円台から700万円台までの範囲に分布している（平均値は165万円）。ツーリズム事業に対する担い手の認識のされ方も多様であり、所得確保機会のひとつとして事業を捉える担い手がいる一方で、生活費の補助的な位置づけ、生きがい、自己実現の場として事業に取り組む担い手もいる。全体的には、零細な担い手を中心としつつ、一部に比較的規模の大きい担い手が存在するという状況となっている。「すみずみツーリズム」のもつこの「零細性」という特徴は、多くの担い手が有する「身の丈にあった負担にならない範囲内での経営を続けること」という考え方を背景としている。無理をせず、自分のできる範囲内のことに楽しく取り組むことが、事業者の生きがい、やりがいに結びついている。この考え方は、長期的にみると、事業そのものの持続性につながると考えることもでき、少なくとも「すみずみツーリズム」の事業推進においては必要不可欠な条件となっている。「すみずみツーリズム」事業の市場規模拡大を考える場合、この事業の「零細性」に起因する持続性を失うことなく、国や行政による支援の枠組みを考える必要があると考える。個々の「零細性」は維持し、事業に参加する担い手を増やすことで規模拡大を図る必要があり、このための条件整備に関する支援が求められる。

　さらに、この規模拡大のための条件整備については、「すみずみツーリズム」事業の多様化に留意して行うことが望ましい。現在の「すみずみツーリズム」の担い手の事業は、宿泊業（農家民宿）、飲食業（農家レストラン）に特化している。これらの業種に加えて、例えば、直売、観光農園、貸農園・体験農園といった交流・体験事業に取り組む担い手を増やすことで事業の多様化を図る必要がある。事業の多様化により、訪問客数の増加、通年的な訪問客数の確保が可能となる。担い手育成支援は、市場規模拡大のみではなく、事業多様化を目的として行われる必要がある。同時に、この事業の多様化は、流域に立地す

る多様な産業、地域づくり活動との連携のツールとして明確に位置づける必要
がある。事業を多様化することにより、流域内の人やモノがより連携できるよ
う条件整備が求められる。

（3）農村ツーリズムの新たな担い手への展望

　農村ツーリズムの担い手論を巡っては、わが国の場合、「地域経営型農村
ツーリズム」（以下、「地域経営体」）に着目した研究が多く行われてきた。都市
農山漁村交流活性化機構が実施した調査（平成12年度「都市農村交流拠点とし
ての農家レストランと地域経営型農村ツーリズム」）では、農家レストランの運営
主体は、個別事業体（農家）が25％を占めるのに対し、農家グループ、農業
生産法人、株式会社などの地域経営体が45％ほどを占めている。これらの
「地域経営体」は、地域農家や地域住民が構成メンバーとなり設立されている
事例が多い。わが国の農村ツーリズムの担い手に関する研究において「地域経
営型農村ツーリズム」のあり方は重要な論点として位置づけられ、これを積極
的に評価する議論が、井上ら（1999）、および宮崎ら（2006）を中心に展開され
てきた。

　このような農村ツーリズムの担い手として「地域経営体」に対して積極的な
評価を与えようとする議論が展開される一方で、「地域経営体」が有する限界
についても指摘されてきた。荒樋（2008）は、農村ツーリズムは、"農村ぐる
み"、"地域ぐるみ"（＝「地域経営型」）で展開される、という一般的言説に触
れながら、農家レストランや農家民宿などの個人や有志グループで担われる農
村ツーリズムは、「むら」による協議事項（慣行的な行事、農業生産、祭事な
ど）とは一線を画し、共同の取り組み（＝「地域経営型」）として扱われにく
い、と述べている。また、過疎化、高齢化により、「地域経営体」を支えるソ
フトインフラとしての「むら」の役割・機能の低下が懸念されている。農村を
めぐる社会的条件、あるいは農村ツーリズムの経営的特徴を背景として、「む
ら」に代わる農村ツーリズムのコーディネート主体の必要性について、荒樋は
指摘を行っている。これに関連して、中道（1998）は、農村ツーリズム事業体
の「ネットワーク化」の意義や必要性について指摘を行い、「農家という小さ

な単位のツーリズムでは、ネットワーク化が非常に重要な意味をもってくる。（中略）自由な活動を妨げない（したい者がしたい方法でする）ために、その個別の連携が重要になる。個の自立を大切にし、お互いの個の信頼をも重視する。他の特定の関係、選択縁、多様なネットワークが求められる」と述べている。

　このように、農村ツーリズムの担い手はどうあるべきなのか、それらの担い手が地域で事業に取り組む場合にどのようなコーディネートが必要となってくるのか、といった点について、さらなる調査・研究が求められている。「地域経営体」という担い手像のあり方に加え、この「地域経営体」を補完・代替するようなネットワーク型の担い手像のあるべき姿、あるいはその展開条件について、より詳細な議論が行われる必要がある。「すみずみツーリズム」における流域をベースとする担い手間のネットワークの形成は、農村ツーリズムの新たな担い手像を考える上で多くの示唆を与えてくれる。

▶ ブックガイド ◀

● **『日本とアジアの農業・農村とグリーン・ツーリズム──地域経営/体験重視/都市農村交流』**（宮崎猛編著、昭和堂、2006 年）地域経営体を担い手とする農村ツーリズムの取り組みが豊富な事例分析を通して紹介されている。わが国の取り組みに加え、アジア地域（韓国、中国、台湾、タイ）の取り組みを紹介している。

● **『農業と農村多角化の経済分析』**（大江靖雄、農林統計協会、2003 年）農業と農村経済の多角化をフレームワークとして適用しながら、農村ツーリズムによる農村経済多角化の課題と方向性について実証分析が行われている。

● **『都市農村交流と学校教育』**（佐藤真弓、農林統計出版、2010 年）教育の場としての農村のあり方、グリーン・ツーリズムが果たす教育効果について論じられている。農村ツーリズムの有する社会的役割の多様性を考える上で重要な示唆を与えてくれる。

引用・参考文献

荒樋豊（2008）「日本農村におけるグリーン・ツーリズムの展開」日本村落研究学会編『年報村落社会研究 43 グリーン・ツーリズムの新展開：農村再生戦略としての都市・農村交流の課題』農山漁村文化協会，pp.7-42

井上和衛・中村攻・宮崎猛・山崎光博（1999）『地域経営型グリーン・ツーリズム』都市文化社

大江靖雄（2003）『農業と農村多角化の経済分析』農林統計協会

栗原伸一・大江靖雄（2002）「グリーン・ツーリズム施設における地域経済への波及効果——長野県飯山市における地域産業連関分析」『千葉大学園芸学部学術報告』56，pp.97-105

霜浦森平・宮崎猛（2002）「内発的発展に関する産業連関分析——京都府美山町における地域経営型都市農村交流産業を事例として」『農林問題研究』38（1），pp.13-24

霜浦森平・坂本央土・宮崎猛（2004）「都市農村交流による経済効果に関する産業連関分析——兵庫県八千代町を事例として」『農林業問題研究』155，pp.12-22

霜浦森平（2016）「農村ツーリズムによる地域経済効果——高知県四万十川流域の取り組みを事例として」『開発学研究』27（1），pp.26-34

中道仁美（1998）「農山村におけるグリーン・ツーリズムの展開とその意味」日本村落研究学会編『年報村落社会研究 34　山村再生：21 世紀への課題と展望』農山漁村文化協会，p.143

藤本髙志（2000）「山村地域における観光の経済効果の計測」『農林業問題研究』36（3），pp.22-31

保母武彦（1996）『内発的発展論と日本の農山村』岩波書店

宮崎猛編著（2002）『これからのグリーン・ツーリズム——ヨーロッパ型から東アジア型へ』家の光協会

宮崎猛編著（2006）『日本とアジアの農業・農村とグリーン・ツーリズム——地域経営/体験重視/都市農村交流』昭和堂

山﨑眞弓・中澤純治（2008）「持続可能な都市農村交流（農林漁家民宿）のために——高知県に見る経済活動としてのグリーン・ツーリズム」『高知論叢（社会科学）』92，pp.57-102

もっと知りたい！Q&A
⑥ 都市と農村の交流

Q1：四万十すみずみツーリズムのきっかけは？

　農村ツーリズムは、農林水産業や商工業者などが集まる地域経営体により取り組まれるってことだけど、この組織経営体づくり、最初は誰が言い始めるんだろう。紹介していた四万十すみずみツーリズムは誰が言い出しっぺで、誰が中心になって地域経営体を作るんだろう。

　回答：一般的に言うと、事例によってきっかけは様々です。行政主導により開始される取り組み、地域主導で行われる取り組み等、一概にこれといったパターンはありません。大事なことは、行政主導、住民主導に関わりなく、地域としてどれだけ地域問題を「自分事化」できているかが、その後の事業の持続性や展開方向に影響を及ぼすのではないでしょうか。

Q2：ローカルフードシステムのポイントは？

　経済効果を高めるにはローカルフードシステムが大切で、そこでは道の駅同士の連携がポイントになりそうだってことだった。なかでも物流拠点としての機能強化や、ブランドの推進がカギということだったけど、それは例えばどんなことだろう。

　回答：四万十川をイメージできるような、統一的なブランド、およびそのブランドラベルの商品への表示が必要かと思います。地域で共有できるブランドネームをもち、これを発信していくことで、消費者や観光客への訴求効果が上がると思います。このブランドを発信する場として、道の駅は重要な役割を果たすと思われ、そのためにも道の駅同士の連携が不可欠です。

Q3：都市と農村の交流をもっと進めていくには？

　都市と農村の交流は、農村の持続的な地域づくりになくてはならない、とても大切な取り組みなんだね。都市と農村の交流をもっと進めていくには、農村ツーリズム以外にも何か方法やアイデアがあるのかな。

　回答：農村ツーリズムの目標は2つあります。まず、短期目標としては、入込客の増加、地域の農産物や食料品の販路拡大、地域資源の有効利用などが挙げられます。これら短期目標に加え、長期目標として、定住者を増やす、農業の担い手を増やすといった目標が設定される場合があります。都市住民が農村を訪問し、農村ツーリズムを楽しむ過程で、その地域の魅力を認識し、ゆくゆくはその地域に移住する……、という道筋です。農村ツーリズムに加え、移住プログラムを組み込むことで、より都市と農村の交流を促進することができるのではないかと思います。

 Q4：農村ツーリズムのコーディネーターに必要なスキルや経験とは？

　これからの農村ツーリズムでは、担い手、なかでもコーディネーターやコーディネート主体が大事ということだった。このコーディネーターに必要なスキルや経験にはどのようなものが必要なんだろう。私もやれるかな。

　回答：農村ツーリズムを行うときに、地域の魅力の発信方法（マーケティング）についてのノウハウが農家にはあまりなく、頭を悩ます場面がしばしば生じます。地域の魅力は都市住民にはどのように理解されているのか（どのようなニーズがあるのか）、商品やサービスをどのような人に届けるべきか（あるいは、届けたいのか）、商品やサービスの訴求力を上げるためにはどのような工夫が求められるか、といったマーケティングに関連するノウハウを身につけることが、事業者には求められます。こういったノウハウを取得したり、あるいは関連する情報の交換ができる「場」をコーディネートできるような人材が必要になると思います。

あとがき

　未来の地域づくりを楽しもう。新しいつながりや仲間をつくり、学び楽しみ、そして新しい経済を生み出しながら地域の問題解決ができれば、これまでとは違った地域の暮らしが実現するはずだ。

　地域では、どのような問題を抱えているのだろうか。高齢者の生活支援、子育て、環境問題、交通弱者、買い物難民などの社会問題もあれば、雇用、地場産業の弱体化、商店街の衰退、農業問題などの経済問題もあり、地域が抱える問題は、多様で、かつ複合化している。こういった問題を解くためのノウハウや経験が、地域には今後ますます求められており、実際に地域住民が力を合わせ、自治会、NPO、経済事業体などの場で奮闘している。

　同時に、これらの主体が個々に活動するのではなく、主体間が連携したり、協働関係をつくりながら解決をめざす場合もよくみられる。異なる立場の主体が、相互に手を取りあうことで、単独では不可能だった解決の手法が生み出されたり、あるいは地域を元気にするようなイノベーションが引き起こされたりすることが期待されている。その一方で、連携や協働の難しさもよく指摘される。筆者が見聞きした具体的な例を2つ紹介してみたい。

　まず、滋賀県で地域の水環境保全活動を行うNPO団体の話を紹介したい。このNPO団体は、琵琶湖の水環境をよくするため、地域住民参加により、地域の河川や水路の清掃活動、環境調査、水辺公園の整備、地域の子どもたちへの環境教育などの取り組みを10年以上にわたり行っている。一方で、地域の自治会も、長年にわたり集落の水環境の保全活動に取り組んできた。こういった背景から、NPO団体と地域の自治会が連携・協働し、地域の水環境保全活動を行うようになっていく。

　ところが、連携・協働が進むなかで、両者に取り組み方のギャップが生じ始める。NPO団体は、地域ぐるみで活動を行うことを重視し、支援者やフォロ

ワー獲得のための環境教育や広報活動に力を入れていく。一方、自治会は、身近な水環境（集落内の水路）の目に見えるかたちでの改善を重視し、より清掃活動や水辺公園の整備に注力したいと思っていた。NPO団体と自治会は、両者ともにめざすべき目標（＝地域や琵琶湖の水環境保全）は共有していたが、目標に到達するためのロードマップに違いがみられたわけである。紙幅の関係で詳細は割愛するが、その後両者は活動の方向性について議論を重ね、連携・協働のポイントを模索していくことになる。

　次に、兵庫県で環境保全型農業を行うある農業団体の話をしてみたい。その地域では、稲作農家が農業団体をつくり、メンバーは水田や農業用水路を生物の棲める環境として整備しながら、米作りを行っている。農薬や化学肥料の使用を減らした環境保全型農業に取り組んでいる。ここで生産された米は、減農薬・減化学肥料米、あるいは有機栽培米として付加価値が付けられ、通常より高価格で都市部の消費者に販売されている。また、「生物と人が共生するまち」をコンセプトにした事業（エコツーリズム、生産者と消費者との交流、地元の小学校の給食への米の提供など）も行われている。

　この地域では、多様な主体（農業団体、小学校、自治会、消費者など）を巻き込みながら、地域づくりが行われてきた。この活動に取り組んでいる農家は、高齢の農家も入れば、若い世代の農家もいる。異なる世代の農家が活動に参加することは、活動の次世代への継承、地域農業の高齢化や担い手問題の解決を考えるときに重要な意味をもってくる。

　一方、高齢の世代と若い世代との間には、環境保全型農業をめぐる考え方の違いが見え隠れしている。高齢の世代が環境保全型農業に取り組む動機は、彼らが子どもの頃（1960年代以前）の、自然の豊かさが残っていた田園風景の復帰である。昔のような自然の豊かさをどのように取り戻すかを思案し、生物調査や水環境調査、農業用水路の保全活動に積極的に取り組んでいる。若い世代の農家は、生産された農産物をいかに販売するか（販路開拓）、消費者への訴求力をいかに高めるか（マーケティング）に、どちらかというと興味・関心の力点がある。収益力をより重視するのが若い世代の農家の特徴である。両者には、何のために活動を行うのかという点について、微妙な差異が生じている。

あとがき　191

この差異をいかに埋めるかが、今後の両者の持続的な関係を考える上で重要になる。

　以上、2つのケースで紹介したように、地域づくりにおいて地域の多様な主体が連携・協働して取り組む場合、意見の違い、関わり方のズレ、スタンスの違いなど様々なギャップが生じる可能性があり、これをどのように乗り越えるかが連携・協働のポイントになる。

　近年、地域問題解決を図るための人材育成をめざす大学が全国的に増えつつある。学生は地域に出掛け、地域から多くのことを学ぶと同時に、地域問題解決にも取り組んでいる。学生が地域に出かける場合、学生（＝大学）は地域に対して「学び」や「成長」の場の提供を期待し、地域は学生に対して「支援」「ノウハウ」「マンパワー」などの提供を期待する場合が多い。両者が相手に望むものが一致する場合は問題ないが、そうではない場合も今後増えていくかもしれない。

　大切なことは、多様な主体が「コミュニケーション」を図り、お互いを知り、問題を共有して、アクションを進めていくための戦略を練ることができるかどうかだろう。そのためのノウハウや経験が、地域問題解決に取り組む人たちには今後より一層求められる。また、多様な主体が「コミュニケーション」を図るための「場」づくりをコーディネートできる人材も求められるだろう。

　多様な主体の連携・協働、持続的関係づくりは、時間やエネルギーの要する作業になる。一朝一夕にはいかない。ゆっくりでもいいので、一歩ずつ試行錯誤を繰り返しながら進んでいきたい。そうすれば、新しい展望が見えてくるはずである。

＊

　最後に、本書は北樹出版の椎名寛子さんなしでは生まれなかったことを記しておきたい。高知大学と宇都宮大学という、西日本と東日本双方で最も早期に誕生した地域系学部の新しい教育現場や、地域づくりに取り組む新しい市民層が手に取り、実践的に使える教科書をつくろう、そうしたメッセージをいただき、ここまでの形にすることができた。この場を借りて感謝の意を表したい。

未来を先取りする地方の地域づくりに少しでも多くの人が参加し、その取り組みのなかで本書を役立てて頂ければ、幸いである。

　2018 年 2 月

編著者　霜浦森平・石井大一朗

執筆者紹介（執筆順）

石井大一朗（いしい・だいいちろう）（編者、序章、第 5 章）
宇都宮大学地域デザイン科学部准教授／慶應義塾大学大学院政策・メディア研究科博士
課程単位取得退学。博士（政策・メディア）。専門社会調査士。一級建築士。20 代は建
築設計に夢を見て、30 代は NPO で組織経営や地域づくり実践に取り組みつつ、慶應義
塾大学 SFC 研究所、明治学院大学社会学部付属研究所にて研究活動に従事。専門はコミュ
ニティ政策。栃木県に移住してからは、"住民自らが地域に必要な事業をつくり出し経
営する" をテーマとして、住民組織が連帯する協議体形成や空き家のコミュニティ活用
事業など、現場の実践活動を通した教育研究に取り組む。主要著書に『コミュニティマ
ネジメント』（共著、中央経済社、2020 年）、『はじめての地域防災マネジメント』（共著、
北樹出版、2021 年）、『横浜の市民活動と地域自治』（編著、東信堂、2021 年）ほか。

霜浦森平（しもうら・しんぺい）（編者、第 6 章）
高知大学地域協働学部教授／ 1998 年東京農工大学農学部環境・資源学科卒業、2003 年京
都府立大学農学研究科博士課程修了、博士（農学）。千葉大学園芸学部助手、同助教を
経て現職。専門は農業経済学。主な研究テーマは、農村ツーリズムによる地域活性化に
関する研究、六次産業化に関する研究。主要著書に『日本とアジアの農業・農村とグリー
ン・ツーリズム』（宮崎猛編著、昭和堂、2006 年）、『農・食・観光クラスターの展開』（溝
辺哲男・朽木昭文編著、農林統計協会、2015 年）、『都市農村交流の経済分析』（大江靖
雄編著、農林統計出版、2017 年）、ほか。

藤井多希子（ふじい・たきこ）（第 1 章）
中野区地域支えあい推進部地域包括ケア推進担当部長／ 1994 年早稲田大学政治経済学部
政治学科卒業、2007 年慶應義塾大学大学院政策・メディア研究科博士課程単位取得退学。
博士（政策・メディア）。専門は人口学、郊外居住論。自治体の将来人口推計、将来世
帯推計やそれらを基にした要介護人口、労働力、死亡数、火葬需要などの将来推計業務
に数多く関わっている。主要論文に「東京大都市圏ミクロレベルの世代交代と市街地特
性 ―― 1950 ～ 70 年代コーホートを対象とした GBI 分析」『日本建築学会計画系論文集』
第 633 号、2008 年、pp.2399-2407 ほか。

田中　求（たなか・もとむ）（第 2 章）
高知大学地域協働学部教授／1996 年東京農工大学農学部環境・資源学科卒業、2004 年
東京大学大学院農学生命科学研究科・森林科学専攻博士課程修了、博士（農学）。東京
大学大学院農学生命科学研究科助教、九州大学持続可能な社会のための決断科学セン
ター准教授を経て現職。専門は環境社会学。主な研究テーマは、地域資源を活用した
地域社会と文化の再構築に関する研究。コウゾ等の栽培にも取り組む。主要著書に『環
境の社会学』（共著、有斐閣アルマ、2009 年）、『地域資源を活かす生活工芸双書 楮・三椏』
（共著、農山漁村文化協会、2018 年）ほか。

桑島英理佳（くわじま・えりか）（第 3 章共同執筆）
一般社団法人とちぎ市民協働研究会理事／ 2007 年宇都宮大学大学院教育学研究科カリ
キュラム開発専攻修了、修士（教育学）。財団法人とちぎ男女共同参画財団嘱託職員、
荒川区社会教育指導員、宇都宮大学基盤教育センター特任助教等を経て現職。専門は成
人教育学、高等教育学。主な研究テーマは、成人の意識変容に関する研究、高等教育機
関における教育実践研究（アクティブラーニング／学修支援／ラーニング・コモンズ）。
宇都宮市内で保護猫カフェを経営。自治体主催の成人を対象とした講座や社会教育主事
講習、看護師研修等で、講師、ファシリテーターを務める。

土崎雄祐（つちざき・ゆうすけ）（第 3 章共同執筆）
一般社団法人とちぎ市民協働研究会専務理事・事務局長／放送大学大学院文化科学研究
科文化科学専攻修士課程修了。修士（学術）。2011 年に宇都宮大学を卒業し、NPO 職員や
大学教員を経て、現在は複数の組織に所属しながら、主に栃木県内で NPO の経営支援や地
域づくり活動支援に取り組む。認定特定非営利活動法人宇都宮まちづくり市民工房常務理事、
特定非営利活動法人いちかい子育てネット羽ばたき副理事長、一般社団法人青空プロジェク
ト THE DAY 業務執行理事、宇都宮大学コーディネーター、中央学院大学非常勤講師など。
ボランティアコーディネーション力検定 1 級、防災士、社会教育士。

徳田太郎（とくだ・たろう）（第 4 章）
特定非営利活動法人日本ファシリテーション協会フェロー／法政大学大学院政治学研究
科博士後期課程単位取得退学、修士（公共政策学）。2003 年にファシリテーターとして
独立、地域づくりや市民活動などの領域を中心に活動。日本ファシリテーション協会で
は事務局長、会長、災害復興支援室長を経て現職。その他、Be-Nature School ファシリテー
ション講座講師、法政大学・法政大学大学院兼任講師、東邦大学・文京学院大学非常勤講
師など。主要著書に『ソーシャル・ファシリテーション：「ともに社会をつくる関係」
を育む技法』（共著、北樹出版、2021 年）ほか。

索　引

あ 行

空き家　74, 142
アクション　92
阿久和北部谷戸自治会　141
アセットロック　149
あば村運営協議会　155
意識醸成　88
1 世帯 1 万円のボーナス　144
一般社団法人　151, 153
居場所　128
営利法人　148
NPO3.0　84
NPO 法　14
NPO 法人　159, 153
NPO 法人きらりよしじまネットワーク
　156
エンパワー　90
おきたまネットワークサポートセンター
　157
おとなり場システム　141
オリエンテーション　112, 114, 117

か 行

過疎地有償運送制度　139
課題解決より主体形成　6
株式会社　148
紙漉き技術　64
川喜田二郎　12
関係人口　32
関数あてはめ法　39
ガンピ　57
共益　80
行政区　136
協治　71
共同実践　4
協働　98, 160
空間のデザイン　113, 115
クラウドファンディング　99
グループサイズ　114, 122

クレンソン，M.　133
経験　96
経済効果　178
KJ 法　12
形式知　60
合計特殊出生率　20
コウゾ　57
合同会社　149
　住民出資の――　156
こうと会　141
港南台タウンカフェ　131
交流人口　32
高齢化率　25
高齢者へのケア　33
国勢調査　18, 23
国民生活審議会調査部会コミュニティ問題
　小委員会　11
子育て支援　34
子ども女性比　25, 42
五人組　136
コーホート　26
コーホート変化率　26, 28
コーホート変化率法　39
コーホート要因法　39
コミュニティ・オーガナイザー　110
コミュニティカフェ　131
コミュニティサロンほっこり　139
コミュニティ・デザイナー　110
コミュニティビジネス　35, 81, 143
コミュニティ・ワークショップ　84
コモンズ　70

さ 行

山村住民　71
事後グループ　131
次世代育成　157
自然資源　54
自然村　136
自治会　133
自治会館　138

自治会成立の歴史　136
自治会デビュー　137
実数　47
自発性　82
市民的専門性　13
社会生活基本調査　50
JAPAN ブランド育成支援事業　62
宗教観　54
従業地・通学地による人口・就業状態等集
　計　34
従属人口指数　25
住民基本台帳人口移動報告　23, 24
熟議　104, 105, 125
熟議民主主義　105
出生性比　41
生涯学習講座　131
商業伐採　71
庄戸町会　142
将来人口　44
将来人口推計　39
食害　68
女子年齢別出生率　41
所得誘発効果　178
人口移動調査　23, 24
人口減　5
人口静態　24
人交増　5
人公増　5
人口増加率　26
人口置換水準　20
人口データ　22
人口動態　24
人口動態調査　23
人口動態統計　24
人口ピラミッド　26
身体知　60, 62, 64, 69
人的資源　54
心的な負担　94
信頼性　56, 61, 67, 68
水車　75
スーパーコミュニティ法人　159
生産年齢人口　25
生産農家の意欲　68

成人教育　96
セルフヘルプグループ　11, 80
世話人会方式　132
専門性　62, 66, 69
惣　136
属人性　62, 64
属地性　61, 62, 67, 68
素材性　61, 69

た　行

第一次生産誘発効果　178
第二次生産誘発効果　178
タイムキープ　120
対話　89, 102, 103
対話／熟議　105, 109, 110, 115, 120-122
多死社会　21
達成感　95
多様性　61, 62, 64, 69
多用途性　61, 65
団塊ジュニア世代　19
団塊の世代　19
地域運営組織　154
地域学　88
地域ケアプラザ　30
地域経営　79
地域経営体　164, 167, 185
地域経済　63
地域限定 NPO　152, 161
地域資源　51
地域資源のブランド化　62
地域づくりの歴史　10
地域包括ケア　33
地域包括ケアシステム　19
チェックアウト　115
チェックイン　115, 117
地区支援担当者　79
地区担当制度　158
地産地消法　52
チムジルバン・レストラン鷹取　139
中間支援組織　14
昼間人口　32
中小企業　52
中小企業地域資源活用促進法　53

索　引　197

超高齢・定常的人口減少社会　21
つどいの広場事業　151
つながり　133
データ分析　49
伝統工芸　51, 55, 58, 61, 65, 69
動機づけ　78
当事者　80
投票　118, 119
特定非営利活動促進法（NPO法）　148

な・は・ま　行

ニーズ　4
2025年問題　19
ニューリーダー像　9
認可地縁団体　152
年少人口　25
農協の跡地　156
農商務統計表　56
農村ツーリズム　163, 169, 174, 180, 185,
　189
バズ学習　91
ハルプリン, L.　12
非営利法人　148
ビジュアライズ　116
人の対流構造　32
人のつながり　51, 54, 58, 69
一人ひとりの声　6
ヒーローの必殺技　7
ファシリテーション　108-110, 120
ファシリテーター　107-111, 115, 120
フォーメーション　113
複数のコミュニティ　133
プライド　96
プログラム・デザイン　120

文化財保護法　56
文化資源　54
平均年齢　26
包括補助金制度　158
法人化するきっかけ　144
法人化のデメリット　145
ポスターセッション　91
ボランティア・コーディネーション　13
マズロー, A.　129
見える化　116, 117, 124
ミッションロック　149
ミツマタ　57, 68
自治会　140
向こう三軒両隣り　140
メッシュ　49
申し合わせ書　160
モデル・コミュニティ施策　12

や・ら・わ　行

やねだん　143
豊かな意思決定　83
ユネスコ無形文化遺産　51
欲求段階説　129
隣人祭り　140
輪番制　137
歴史性　56, 61, 67, 68
連帯感　95
老年人口　25
ローカルフードシステム　168, 172, 188
六次産業化　52, 157, 161, 167
ワークショップ　12, 106, 107, 110, 117, 120
和紙　51
割合　47
ワールドカフェ　91

はじめての地域づくり実践講座

全員集合！を生み出す6つのリテラシー

2018年4月25日　初版第1刷発行
2022年9月20日　初版第3刷発行

編著者　　石井大一朗

霜浦　森平

装　画　　平子めぐみ

発行者　木村　慎也

定価はカバーに表示　　印刷　シナノ印刷／製本　川島製本

発行所　株式会社　北 樹 出 版

〒153-0061　東京都目黒区中目黒1-2-6
URL：http://www.hokuju.jp
電話(03)3715-1525(代表)　FAX(03)5720-1488

© D. Ishii & S. Shimoura 2018, Printed in Japan
ISBN 978-4-7793-0574-0　　（落丁・乱丁の場合はお取り替えします）